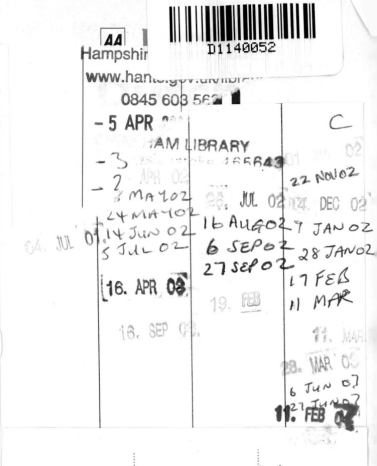

Contents

English edition prepared by First Edition Translations Ltd, Cambridge, UK

Designed and produced by AA Publishing

Distributed in the United Kingdom by AA Publishing, Norfolk House, Priestley Road, Basingstoke, Hampshire RG24 9NY

Adapted from Wat & Hoe Engels, © Uitgeverij Kosmos bv – Utrecht/Antwerpen, first published in 1998

Van Dale Lexicografie bv – Utrecht/Antwerpen

This edition © The Automobile Association 1999

A CIP catalogue record for this book is available from the British Library

ISBN: 0 7495 2042 6

Published by AA Publishing (a trading name of Automobile Association Developments Limited, whose registered office is Norfolk House, Priestley Road, Basingstoke, Hampshire RG24 9NY. Registered number 1878835)

Typeset by The Write Idea, Cambridge

Printed and bound by G. Canale & C., Turin, Italy

Cover photographs: Antique tile, AA Photo Library (K Paterson); woman in traditional dress, Robert Harding Picture Libary; windmill, Pictures Colour Library Ltd

Find out more about AA Publishing and the wide range of services the AA provides by visiting our web site at www.theaa.co.uk

Introduction

● **Welcome to the AA's new Essential Phrase Books series, covering the world's most popular languages and containing everything you'd expect from a comprehensive language series. They're concise, accessible and easy to understand, and you'll find them indispensable on your trip abroad.**

Each guide is divided into 15 themed sections and starts with a pronunciation table which explains the phonetic pronunciation to all the words and phrases you'll need to know for your trip, while at the back of the book is an extensive word list and grammar guide which will help you construct basic sentences in your chosen language.

Throughout the book you'll come across coloured boxes with a 🞥 beside them. These are designed to help you if you can't understand what your listener is saying to you. Hand the book over to them and encourage them to point to the appropriate answer to the question you are asking.

Other coloured boxes in the book – this time without the symbol – give alphabetical listings of themed words with their English translations beside them.

For extra clarity, we have put all English words and phrases in black, foreign language terms in red and their phonetic pronunciation in italic.

This phrase book covers all subjects you are likely to come across during the course of your visit, from reserving a room for the night to ordering food and drink at a restaurant and what to do if your car breaks down or you lose your traveller's cheques and money. With over 2,000 commonly used words and essential phrases at your fingertips you can rest assured that you will be able to get by in all situations, so let the Essential Phrase Book become your passport to a secure and enjoyable trip!

Pronunciation table

English speakers can imitate the actual sounds of the words by saying the version in italics. Pronounce each syllable as if it formed part of an English word and you should be understood. If you bear the following points in mind as well, your pronunciation should be more accurate.

Vowels

a	pronounced as	**a**	in smart
a/aa	pronounced as	**ah**	
auw	pronounced like	**ough**	in Slough
e	pronounced as	**e**	in test
e/ee	pronounced as	**ay**	in may
er	at the beginning of words this is often pronounced as air but within and at the ends of words it is between the English **er** in water and the English sound air. These sounds are separately represented in imitated pronunciation by **air** and **er**		
eu	imitate with a nasal **ay** with pursed lips. The sound has no equivalent in English but can be approximated by voicing a diffident **er** sound but has been written -eu- in the imitated pronunciations		
i	pronounced as	**i** in it	
ie	pronounced like	**ee** in feet	
ij/ei	imitate with	**aye** like the English word aye	
o	pronounced as	**o** in hot	
oe	pronounced as	**oo** in boot	
oo	pronounced as	**oa** in boat	
ou/au	pronounced as	**ou** in house	
u	in middle of word pronounced as **u** in hurt		
u/uu/uw	imitate with	**oo**	
ui	imitate with	**owa**, with the **ow** of cow and an almost unvoiced short **a**	

Consonants

b	as in English but pronounce like **p** in cup at the end of a word
c	before a consonant or **a**, **o**, **u**, pronounce as **k** in kick before **e** and **i** pronounce as **s** in set
ch	usually pronounced as **ch** in loch but in words of French origin pronounced like **sh** in shoot
chtj	pronounce as **ch** in loch followed by Dutch **j**
d	As in English except at end of word when usually pronounced like **t** in hat
g	pronounced as **ch** in loch at the end of a word or before a strong consonant in a few words of French origin as **s** in treasure in all other cases pronounced like a softer version of **ch** in loch
j	pronounced as **y** in yes in words borrowed from French as **s** in treasure
nj	pronounced as **ni** in onion
r	the **r** is trilled in the front or back of the mouth
sj	pronounced as **sh** in shut
sch	pronounced as **s** followed instantly by the Dutch sound for **ch**

th	pronounced as **t** in tea
tj	pronounced like **t** in hit followed closely by the **y** of you
v	often pronounced like **f** in feel
w	similar in pronunciation to English **v** in vase

Hyphens have been used in the imitated pronunciation to split words into sounds you can imitate and to prevent ambiguity with varying sounds in English of various letter combinations. In common with other languages, the correct sound of a word in Dutch requires stress on the correct syllable but if you pronounce the words that have been divided by hyphens as though these are separate syllables you will also approximate the stress. Native and fluent speakers will of course run many of these sounds together.

Useful lists

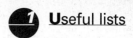

Useful lists

1.1 Today or tomorrow?

What day is it today? _____	Welke dag is het vandaag?
	Vel-ke dakh is het fan-dakh?
Today's Monday_____	Vandaag is het maandag
	Fan-dakh is het maan-dakh
– Tuesday_____	Vandaag is het dinsdag
	Fan-dakh is het dins-dakh
– Wednesday _____	Vandaag is het woensdag
	Fan-dakh is het woons-dakh
– Thursday_____	Vandaag is het donderdag
	Fan-dakh is het donder-dakh
– Friday_____	Vandaag is het vrijdag
	Fan-dakh is het fraye-dakh
– Saturday _____	Vandaag is het zaterdag
	Fan-dakh is het zater-dakh
– Sunday _____	Vandaag is het zondag
	Fan-dakh is het zon-dakh
in January _____	in januari
	in yan-oo-aree
since February _____	sinds februari
	sinze feb-roo-aree
in the spring _____	in de lente
	in de len-te
in the summer _____	in de zomer/ 's zomers
	in de zoamer/ szoamers
in autumn _____	in de herfst
	in de herfst
in winter_____	in de winter/ 's winters
	in de winter/ swinters
1999_____	negentien-negen-en-negentig
	naykhen-teen naykhen an naykhentikh
the twentieth century _____	de twintigste eeuw
	de twintikh-sta ay-oo
What is the date today?___	De hoeveelste is het vandaag?
	De hoo-fayl-sta is het fan-dakh?
Today's the 24th_____	Vandaag is het de vierentwintigste
	Fan-dakh is het de feer-en-twintikh-sta
Monday 1 November _____	maandag een november, negentien-
1999	negen-en-negentig
	maan-dakh ayn november, naykhenteen-
	naykhen-en-naykhentikh
in the morning _____	's morgens
	smorkhens
in the afternoon _____	's middags
	smiddakhs
in the evening _____	's avonds
	safonds
at night_____	's nachts
	snakhts
this morning _____	vanmorgen
	fan-morkha

9

1

Useful lists

this afternoon _____	vanmiddag
	fan-middakh
this evening _____	vanavond
	fan-afond
tonight _____	vannacht (komende nacht)
	fan-nakht (koa-men-da nakht)
last night _____	vannacht (afgelopen nacht)
	fan-nakht (af-kha-loap-a nakht)
this week _____	deze week
	day-ze wayk
next month _____	volgende maand
	folkhenda maand
last year _____	vorig jaar
	forikh yaar
next... _____	aanstaande...
	aan-staan-de
in...days/weeks/ _____	over...dagen/weken/maanden/jaar
months/years	*oafer...daakhen/wayken/maanden/yaar*
...weeks ago _____	... weken geleden
	... wayken khe-layda
day off _____	vrije dag
	vraye dakh

1 .2 **B**ank Holidays

● The main public holidays in The Netherlands (NL) and Belgium (B) are the following:

January 1	Nieuwjaarsdag (New Year's Day) NL B
	Ni-oo-yaars-dakh
Friday before Easter *	Goede Vrijdag (Good Friday) NL
	Khooda Frayedakh
Monday after Easter	Paasmaandag (Easter Monday)
	Paasmaandakh
April 30	Koninginnedag (Queen's birthday) NL
	Cone-ing-inna-dakh
May 1	Dag van de Arbeid (Labour Day) B
	Dakh fan de arbayed
May 5	Bevrijdingsdag (Liberation Day) NL
	Be-fraye-dings-dakh
Ascension Day	Hemelvaartsdag NL B
(movable date)	*Haymel-varts-dakh*
Whit Monday	Pinkstermaandag (Pinkstermaandag) NL B
	Pinkster-maandakh
July 21	Nationale Feestdag (National Day) B
	Nashon-alla Faystdakh
August 15	Maria Hemelvaart (Assumption Day) B
	Maria Haymelvart
November 1	Allerheiligen (All Saints Day) B
	Aller-hayl-ikhon
November 11	Wapenstilstandsdag (Armistice Day) B
	Waapen-still-stands-dakh
December 25	Kerstdag (Christmas Day) NL B
	Kairst-dakh
December 26	Tweede Kerstdag (Boxing Day) NL
	Tway-de Kairst-dakh

* Only in parts of the south of The Netherlands

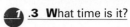

.3 What time is it?

What time is it?	Hoe laat is het? *Hoo laat is het?*
It's nine o'clock (am)	Het is negen uur *Het is naykhen oor*
– five past ten	Het is vijf over tien *Het is fayef oafer teen*
– a quarter past eleven	Het is kwart over elf *Het is kwart oafer el-ef*
– twenty past twelve (pm)	Het is tien voor half een *Het is teen for hal-ef ayn*
– half past one (pm)	Het is dertien uur dertig/ ... half twee *Het is der-teen oor der-tikh/ ... hal-ef tway*
– twenty-five to three (pm)	Het is veertien uur vijf en dertig/ ... vijf over half drie *Het is fayr-teen oor fayef en der-tikh/ ... fayef oafer hal-ef dree*
– a quarter to four (pm)	Het is vijftien uur vijf en veertig/ ... kwart voor vier *Het is fayef-teen oor fayef en feer-tikh/ ... kwart for feer*
– ten to five	Het is zestien uur vijftig/ ... tien voor vijf *Het is zessteen oor fayef-tikh/ ... teen for fayef*
– twelve noon	Het is twaalf uur 's middags *Het is twal-ef oor smiddakhs*
– midnight	Het is twaalf uur 's nachts *Het is twal-ef oor snakhts*
half an hour	een half uur *an hal-ef oor*
What time?	Om hoe laat? *Om hoo laat?*
What time can I come round?	Hoe laat kan ik langskomen? *Hoo laat kan ik langskoamen?*
At...	Om ... *Om*
After...	Na ... *Na ...*
Before...	Voor *For*
Between...and...	Tussen ... en ... *Tussen ... en ...*
From...to...	Van ... tot ... *Fan ... tot ...*
In...minutes	Over ... minuten *Oafer ... minooten*
– an hour	Over een uur *Oafer an oor*
– a quarter of an hour	Over een kwartier *Oafer an kwarteer*
– three quarters of an hour	Oafer drie kwartier *Oafer dree kwarteer*
early/late	te vroeg/laat *te frookh/laat*
on time	op tijd *op tayet*

11

summer time	zomertijd	
	zoamer-tayet	
winter time	wintertijd	
	vinter-tayet	

1.4 One, two, three...

0	nul	*nul*
1	een	*ayn*
2	twee	*tway*
3	drie	*dree*
4	vier	*feer*
5	vijf	*fayef*
6	zes	*zess*
7	zeven	*zayfen*
8	acht	*akht*
9	negen	*naykhen*
10	tien	*teen*
11	elf	*el-ef*
12	twaalf	*twaal-ef*
13	dertien	*derteen*
14	veertien	*fayrteen*
15	vijftien	*fayefteen*
16	zestien	*zessteen*
17	zeventien	*zayfenteen*
18	achttien	*akht-teen*
19	negentien	*naykhen-teen*
20	twintig	*twintikh*
21	eenentwintig	*ayn en twintikh*
22	tweeëntwintig	*tway en twintikh*
30	dertig	*dertikh*
31	eenendertig	*ayn en dertikh*
32	tweeëndertig	*tway en dertikh*
40	veertig	*fayrtikh*
50	vijftig	*fayeftikh*
60	zestig	*zesstikh*
70	zeventig	*zayfentikh*
80	tachtig	*takhtikh*
90	negentig	*naykhentikh*
100	honderd	*honderd*
101	honderd één	*honderd ayn*
110	honderd tien	*honderd teen*
120	honderd twintig	*honderd twintikh*
200	tweehonderd	*twayhonderd*
300	driehonderd	*dreehonderd*
400	vierhonderd	*feerhonderd*
500	vijfhonderd	*fayefhonderd*
600	zeshonderd	*zesshonderd*
700	zevenhonderd	*zayfenhonderd*
800	achthonderd	*akhthonderd*
900	negenhonderd	*naykhenhonderd*
1000	duizend	*dowzend*
1100	elfhonderd	*el-ef honderd*
2000	tweeduizend	*twaydowzend*

10,000	tienduizend	*teen-dowzend*
100,000	honderdduizend	*honderd dowzend*
1,000,000	miljoen	*mil-yoon*
1st	eerste	*ayr-sta*
2nd	tweede	*tway-da*
3rd	derde	*derda*
4th	vierde	*feerda*
5th	vijfde	*fayefda*
6th	zesde	*zessda*
7th	zevende	*zayfenda*
8th	achtste	*akhsta*
9th	negende	*naykhenda*
10th	tiende	*teenda*
11th	elfde	*el-efda*
12th	twaalfde	*twaal-efda*
13th	dertiende	*derteenda*
14th	veertiende	*fayrteenda*
15th	vijftiende	*fayefteenda*
16th	zestiende	*zessteenda*
17th	zeventiende	*zayfenteenda*
18th	achtiende	*akhtteenda*
19th	negentiende	*naykhenteenda*
20th	twintigste	*twintikhste*
21st	eenentwintigste	*aynentwintikhste*
22nd	tweeëntwintigste	*twayentwintikhste*
30th	dertigste	*dertikhste*
100th	honderdste	*honderdsta*
1,000th	duizendste	*dowzendsta*
once	eenmaal	*ayn-maal*
twice	tweemaal	*tway-maal*
double	het dubbele	*het dub-bel-le*
triple	het driedubbele	*het dree-dub-bel-le*
half	de helft	*de hel-eft*
a quarter	een kwart	*ayn kwart*
a third	een derde	*ayn derda*
a couple, a few, some	een paar, een aantal, enkele	
	an paar, an aan-tal, en-ke-le	
2 + 4 = 6	twee plus vier is zes	
	tway plus feer is zess	
4 – 2 = 2	vier min twee is twee	
	feer min tway is tway	
2 x 4 = 8	twee keer vier is acht	
	tway keer feer is acht	
4 ÷ 2 = 2	vier gedeeld door twee is twee	
	feer khedaylt dor tway is tway	
even/odd	even/oneven	
	ayfan/onayfan	
total	(in) totaal	
	(in) toa-taal	
6 x 9 (area)	zes bij negen	
	(oppervlaktemaat)	
	zess baye naykhen	
	(opperflakta-maat)	

1.5 The weather

Useful lists

Is the weather going to be good/bad?	Wordt het mooi/slecht weer? *Vort-et mow-ee/slekht weer?*
Is it going to get colder/warmer?	Wordt het kouder/warmer? *Vort-et kowder/warmer?*
What temperature is it going to be?	Hoeveel graden wordt het? *Hoofayl khraada vort-et?*
Is it going to rain?	Gaat het regenen? *Khaat-et raykhana?*
Is there going to be a storm?	Gaat het stormen? *Khaat-et storma?*
Is it going to snow?	Gaat het sneeuwen? *Khaat-et snay-oo-wen?*
Is it going to freeze?	Gaat het vriezen? *Khaat-et freezen?*
Is the thaw setting in?	Gaat het dooien? *Khaat-et doa-yan?*
Is it going to be foggy?	Gaat het misten? *Khaat-et mist-en?*
Is there going to be a thunderstorm?	Komt er onweer? *Komt-air onwayr?*
The weather's changing	Het weer slaat om *Het wayr slaat om*
It's cooling down	Het koelt af *Het koolt af*
What's the weather going to be like today/tomorrow?	Wat voor weer wordt het vandaag/morgen? *Vat for wayr vort-et vandakh/morkha?*

benauwd muggy	onbewolkt clear
betrokken overcast	onweersbui thunderstorm
bewolkt cloudy	regen rain
... graden (boven/onder nul) ... degrees (above/below zero)	regenbui shower
heet hot	vorst frost
ijzel black ice	regenachtig wet
kil chilly	rukwinden squalls
koud cold	sneeuw snow
mist fog	zacht mild
mooi fine	zonnig sunny
motregen drizzle	

.6 Here, there...

See also 5.1 Asking for directions

here/there _____	hier/daar
	heer/daar
somewhere/nowhere _____	ergens/nergens
	erkhens/nerkhens
everywhere _____	overal
	oafer-al
far away/nearby _____	ver weg/dichtbij
	fer vekh/dikhtbaye
right/left _____	naar rechts/links
	naar rekhts/links
straight ahead _____	rechtdoor
	rekhtdoor
via _____	via
	fee-a
in _____	in
	in
on _____	op
	op
under _____	onder
	on-der
against _____	tegen
	taykhen
opposite _____	tegenover
	taykhen-oafer
next to _____	naast
	naast
near _____	bij
	baye
in front of _____	voor
	foar
in the centre _____	in het midden
	in het midda
forward _____	naar voren
	naar foara
down _____	(naar) boven
	(naar) boafa
inside _____	(naar) binnen
	(naar) bin-nun)
outside _____	(naar) buiten
	(naar) bowten)
behind _____	achter
	akhter
at the front _____	vooraan
	foar-aan
at the back _____	achteraan
	akhter-aan
in the north _____	in het noorden
	in het norden
to the south _____	naar het zuiden
	naar het zowden
from the west _____	uit het westen
	owt het vesten

Useful lists

15

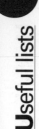

from the east _____	van het oosten	
	fan het oasten	
...of _____	ten ..van	
	ten ... fan	

1.7 What does that sign say?

See 5.4 Traffic signs

bediening aan de bar	hoogspanning	praktijk tandarts
counter	high voltage	dentist's surgery
service only	huisdieren niet	privé
bezet	toegestaan	private
engaged	no pets allowed	roltrap
binnen te vragen	ingang	escalator
enquire within	entrance	stoot uw hoofd niet
brandblusser	inlichtingen	mind your head
fire extinguisher	information	te huur
brandgevaar	kassa	for hire
fire hazard	pay here	te koop
brandtrap	let op het afstapje	for sale
fire escape	mind the step	trekken
dames (wc)	metro	pull
women (toilet)	underground	uitgang
defect	niet aanraken	exit
out of order	do not touch	uitverkoop
duwen	niet storen a.u.b.	sale
push	please do not disturb	verboden afval te
eerste hulp	noodrem	laten liggen
casualty/first aid	emergency brake	no litter
... etage/verdieping	nooduitgang	verboden op het
... floor	emergency exit	gras te lopen
geen teruggave van	open vuur verboden	keep off the grass
wisselgeld	no open fires	verboden te roken
no change given	openingstijden	no smoking
gereserveerd	opening hours	verboden toegang
reserved	opheffingsuitverkoop	no entry
gesloten	closing-down sale	... verdieping/etage
closed	opruiming	... floor
gevaar	clearance sale	vol
danger	pas geverfd	full
gratis mee te nemen	wet paint	VVV
please take one	pas op voor de hond	tourist information
halte op verzoek	beware of the dog	wacht hier in de rij
request stop	praktijk huisarts	queue here
heren (wc)	doctor's surgery	ziekenhuis
men (wc)		hospital

1.8 Telephone alphabet

a	_____ *ah*	Anna	*an-na*	
b	_____ *bay*	Bernard	*bern-ard*	
c	_____ *say*	Cornelis	*korn-aylis*	
d	_____ *day*	Dirk	*dir-ik*	
e	_____ *ay*	Eduard	*ay-doo-ard*	
f	_____ *eff*	Ferdinand	*fer-din-ant*	
g	_____ *khay*	Gerard	*khayrard*	

h	_hah_	Hendrik	_hen-drik_
i	_ee_	Izaak	_ee-zaak_
j	_yay_	Jan	_yan_
k	_kah_	Karel	_kaarel_
l	_el_	Lodewijk	_loa-de-waye-k_
m	_em_	Marie	_ma-ree_
n	_en_	Nico	_ni-co_
o	_ow_	Otto	_ot-toa_
p	_pay_	Pieter	_pee-tair_
q	_koo_	Quadraat	_kwad-raat_
r	_air_	Rudolf	_rood-olef_
s	_ess_	Simon	_see-mon_
t	_tay_	Theodoor	_tayoh-doar_
u	_oo-we_	Utrecht	_oo-trekht_
v	_fay_	Victor	_fik-tor_
w	_way_	Willem	_vil-em_
x	_ex_	Xantippe	_zan-tippa_
y	_ee-grek_	Ypsilon	_up sil on_
ij	_lang-a ay-ya_	IJmuiden	_aye-mow-de_
z	_zed_	Zaandam	_zaan-dam_

🕐 .9 Personal details

surname	achternaam _akhter-naam_
forename(s)	voornaam/voornamen _fornaam/fornaamen_
initials	voorletters _for-letters_
address (street/number)	adres (straat/nummer) _address (straat/nummer)_
post code/town	postcode/woonplaats _posstkoda/woan-plaats_
sex (male/female)	geslacht (mannelijk/vrouwelijk) _kha-slakht (mon-na-layk/frow-wa-layk)_
nationality	nationaliteit _nashon-al-it-tyt_
date of birth	geboortedatum _khaborta-datum_
place of birth	geboorteplaats _khaborta-plaats_
occupation	beroep _be-roop_
married/single/divorced	gehuwd/ongehuwd/gescheiden _khehoowd/on-khehoowd/kheskhayeden_
widowed	weduwe/weduwnaar _waydoowa/waydoownaar_
(number of) children	(aantal) kinderen _(aan-tal) kindera_
passport/identity card/driving licence/ number	paspoort/legitimatie/rijbewijs nummer _pasport/laykheetee-maatsee/raye-be-wayes nummer_
place and date of issue	plaats en datum van aangifte _plaats en daatum fon an-khifte_

17

2

Courtesies

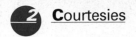

Courtesies

.1 Greetings

Hello Mr Smith _____ Dag meneer Smith
Dakh meneer Smith

Hello Mrs Jones _____ Dag mevrouw Jones
Dakh mafrough Jones

Hello, Peter _____ Hallo, Peter
Hallo, Payter

Hi, Helen _____ Hoi, Helen
Hoy, Hell-en

Good morning, madam ___ Goedemorgen mevrouw
Khooda-morkha mafrough

Good afternoon, sir _____ Goedemiddag meneer
Khooda-middakh meneer

Good evening _____ Goedenavond
Khooda-afont

How are you? _____ Hoe gaat het ermee?
Who khaat-et air-may?

Fine, thank you, and you? _ Prima, en met u?
Preema, en met oo?

Very well _____ Uitstekend
Owt-stake-ent

Not very well _____ Niet zo goed
Neet zo khood

Not too bad _____ Gaat wel
Khaat vel

I'd better be going _____ Ik ga maar eens
Ik kha maar ayns

I have to be going. _____ Ik moet er vandoor. Er wordt op mij
  Someone's waiting gewacht.
  for me *Ik moot er fan-door. Er wort op may khevakht*

Bye! _____ Dag!
Dakh!

Goodbye _____ Tot ziens
Tot zeens

See you soon _____ Tot gauw
Tot khow

See you later _____ Tot straks
Tot straks

See you in a little while ___ Tot zo
Tot zoa

Sleep well/good night _____ Welterusten
Vel-te-rust-a

Good night _____ Goedenacht
Khooda-nakht

All the best _____ Het beste
Het besta

Have fun _____ Veel plezier
Fayl playzeer

Good luck _____ Veel geluk
Fayl kheluk

Courtesies

Have a nice holiday	Prettige vakantie
	Pretikha vakant-see
Have a good trip	Goede reis
	Khooda rayes
Thank you, you too	Bedankt, insgelijks
	Bedankt, ins kha-likes
Say hello to...for me	De groeten aan...
	De khrooten aan...

2 .2 How to ask a question

Who?	Wie?
	Vee?
Who's that?	Wie is dat?
	Vee is dat?
What?	Wat?
	Vat?
What's there to see here?	Wat is hier te zien?
	Vat is heer te zeen?
What kind of hotel is that?	Wat voor soort hotel is dat?
	Vat for sort hotel is dat?
Where?	Waar?
	Vaar?
Where's the toilet?	Waar is het toilet?
	Vaar is het twa-let?
Where are you going?	Waar gaat u naar toe?
	Vaar khat oo naar too?
Where are you from?	Waar komt u vandaan?
	Vaar komt u fan-daan?
How?	Hoe?
	Hoo?
How far is that?	Hoe ver is dat?
	Hoo fer is dat?
How long does it take?	Hoe lang duurt dat?
	Hoo lang doo-ert dat?
How long is the trip?	Hoe lang duurt de reis?
	Hoo lang doo-ert de rayes?
How much?	Hoeveel?
	Hoo-fayl?
How much is this?	Hoeveel kost dit?
	Hoo-fayl kost dit?
What time is it?	Hoe laat is het?
	Hoo laat is het?
Which?	Welk/Welke?
	Vel-ek/Vel-ke?
Which glass is mine?	Welk glas is voor mij?
	Vel-ek khlas is for maye?
When?	Wanneer?
	Vaneer?
When are you leaving?	Wanneer vertrekt u?
	Vaneer fertrekt-oo?
Why?	Waarom?
	Varom?
Could you...me?	Kunt u me ... ?
	Koont-oo ma ... ?
Could you help me, please?	Kunt u me helpen, alstublieft?
	Koont-oo ma helpen als-too-bleeft?

Could you point that out to me?	Kunt u me dat wijzen? *Kunt-oo ma dat wayezen?*
Could you come with me, please?	Kunt u met me meegaan alsublieft? *Kunt-oo met ma may-khan als-too-bleeft*
Could you...	Wilt u...? *Vilt-oo...?*
Could you reserve some tickets for me, please?	Wilt u voor mij kaartjes reserveren alstublieft? *Vilt-oo voor maye kart-yas reserv-ayren als-too-bleeft*
Do you know...?	Weet u ... ? *Vayt-oo?*
Do you know another hotel, please?	Weet u misschien een ander hotel? *Vayt-oo miss-kheen an ander hotel*
Do you have...?	Heeft u ... ? *Hayft-oo ... ?*
Do you have a...for me?	Heeft u voor mij een ... ? *Hayft-oo foar maye ayn...?*
Do you have a vegetarian dish, please?	Heeft u misschien een vegetarisch gerecht *Hayft-oo miss-kheen an vaykha-taarees khe-rekht?*
I'd like...	Ik wil graag ... *Ik vil khraakh ...*
I'd like a kilo of apples, please	Ik wil graag een kilo appels *Ik vil khraakh an keelo appels*
Can I...?	Mag ik ... ? *Makh-ik ... ?*
Can I take this?	Mag ik dit meenemen? *Makh ik dit maynaymen?*
Can I smoke here?	Mag ik hier roken? *Makh ik heer roak-en?*
Could I ask you something?	Mag ik wat vragen? *Makh ik vat frakh-en?*
Yes, of course	Ja, natuurlijk *Ya, nat-oor-lik*

.3 How to reply

No, I'm sorry	Nee, het spijt me *Nay, het spayet ma*
Yes, what can I do for you?	Ja, wat kan ik voor u doen? *Ya, vat kan ik for oo doo-en?*
Just a moment, please	Een ogenblikje alstublieft *An oakhenblik-ya als-too-bleeft*
No, I don't have time now	Nee, ik heb nu geen tijd *Nay, ik hep noo khayn tayet*
No, that's impossible	Nee, dat is onmogelijk *Nay, dat is on-moakh-elik*
I think so	Ik geloof het wel *Ik khe-loaf het vel*
I agree	Ik denk het ook *Ik denk het oak*
I hope so too	Ik hoop het ook *Ik hoap het oak*
No, not at all	Nee, helemaal niet *Nay, hayl-a-mal neet*

No, no-one _____	Nee, niemand
	Nay, neemant
No, nothing _____	Nee, niets
	Nay, nix
That's (not) right _____	Dat klopt (niet)
	Dat klopt (neet)
I (don't) agree _____	Dat ben ik (niet) met u eens
	Dat ben ik (neet) met-oo ayns
All right _____	Dat is goed
	Dat is khood
Okay _____	Akkoord
	Ak-kord
Perhaps _____	Misschien
	Miss-kheen
I don't know _____	Ik weet het niet
	Ik vayt het neet
Thank you _____	Bedankt/dank u wel
	Be-dankt/dank-oo-vel

.4 Thank you

You're welcome _____	Geen dank/graag gedaan
	Khayn dank/ khraakh khedaan
Thank you very much _____	Heel hartelijk dank
	Hayl hart-a-lik dank
Very kind of you _____	Erg vriendelijk van u
	Erkh freendalik fan oo
I enjoyed it very much ____	Was me een waar genoegen
	Vas ma an vaar khe-noo-khen
Thank you for your trouble	Dank u voor de moeite
	Dank oo for de moo-it-ta
You shouldn't have _____	Dat had u niet moeten doen
	Dat hat oo neet mooten doo-en
That's all right _____	Dat zit wel goed hoor
	Dat zit vel khood hor

.5 Sorry

Excuse me _____	Pardon
	Par-don
Sorry! _____	Sorry!
	Soree
I'm sorry, I didn't know... _	Sorry, ik wist niet dat ...
	Soree, ik vist neet dat ...
Pardon me _____	Neemt u me niet kwalijk
	Naymt-oo ma niet kwal-lik
I'm sorry _____	Het spijt me
	Het spayet ma
I didn't do it on purpose, it was an accident	Ik deed het niet expres, het ging per ongeluk
	Ik dayd het neet express, het khing per on-kha-luk
That's all right _____	Dat geeft niet, hoor
	Dat khayft neet, hor
Never mind _____	Laat maar zitten
	Laat mar zitta

| It could've happened to anyone | Dat kan iedereen overkomen |
| | *Dat kan eeder-ayn oaferkoama* |

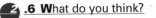 .6 What do you think?

Which do you prefer?	Wat heeft u liever?
	Vat hayft-oo leefer?
What do you think?	Wat vind je ervan?
	Wat fint ya air-fan
Don't you like dancing?	Houd je niet van dansen?
	How-ya neet fan dansa?
I don't mind	Het maakt mij niets uit
	Het maakt maye nix owt
Well done!	Goed zo!
	Khood-zo!
Not bad!	Niet slecht!
	Neet slekht!
Great!	Uit de kunst!
	Owt de kunst
Wonderful!	Heerlijk!
	Heerlik!
It's really nice here!	Wat is het hier gezellig!
	Vat is het heer khezellikh
How nice!	Wat leuk/mooi!
	Vat l-eu-k/mow-ee!
How nice for you!	Wat fijn voor u!
	Vat fayen for oo!
I'm (not) very happy with...	Ik ben (niet) erg tevreden over ...
	Ik ben (neet) erkh te-fray-den oafer...
I'm glad...	Ik ben blij dat ...
	Ik ben blaye dat
I'm having a great time	Ik amuseer me prima
	Ik amooseer ma preema
I'm looking forward to it	Ik verheug me erop
	Ik ferh-eu-kh ma er-op
I hope it'll work out	Ik hoop dat het lukt
	Ik hoap dat het lukt
That's ridiculous!	Wat waardeloos!
	Vat vaardeloas!
That's terrible!	Wat afschuwelijk!
	Vat afskoowalik!
What a pity!	Wat jammer!
	Vat yammer!
That's filthy!	Wat vies!
	Vat fees!
What a load of rubbish!	Wat een onzin/flauwekul!
	Vat an on-zin/flau-wa-kul!
I don't like...	Ik houd niet van ...
	Ik how neet fan ...
I'm bored to death	Ik verveel me kapot
	Ik fervayl ma ka-pot
I've had enough	Ik heb er genoeg van
	Ik heb-er khenookh fon
This is no good	Dat kan zo niet
	Dat kan zo neet
I was expecting something completely different	Ik had iets heel anders verwacht
	Ik hat eets hayl anders fervakht

Courtesies

Conversation

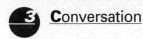

Conversation

.1 I beg your pardon?

I don't speak any/ _____ I speak a little...	Ik spreek geen/Ik spreek een beetje... *Ik sprayk khayn/Ik sprayk an bayt-ya*
I am English _____	Ik ben Engels (man)/Engelse (woman) *Ik ben Eng-els/Eng-elsa*
I am Scottish _____	Ik ben Schots *Ik ben Skhots*
I am Irish _____	Ik ben Iers (man)/Ierse (woman) *Ik ben Ee-er/Ee-ersa*
I am Welsh _____	Ik ben van Wales *Ik ben fan Vay-els*
Do you speak _____ English/French/German?	Spreekt u Engels/Frans/Duits? *Spraykt-oo Eng-els/Frans/Dowts?*
Is there anyone who _____ speaks...?	Is er iemand die ... spreekt? *Is air eemant dee ... spraykt?*
I beg your pardon? _____	Wat zegt u? *Vat zekht-oo?*
I (don't) understand _____	Ik begrijp het (niet) *Ik be-grayep het (neet)*
Do you understand me? ___	Begrijpt u mij? *Begrayept-oo may?*
Could you repeat that, _____ please?	Wilt u dat alstublieft herhalen? *Vilt-oo dat als-too-bleeft her-haal-en*
Could you talk more_____ slowly, please?	Kunt u wat langzamer praten? *Kunt-oo vat langsaamer prata-ten?*
What does that (word) _____ mean?	Wat betekent dat/dat woord? *Vat be-taykent dat/dat woart?*
Is that the same as.../Is ____ that similar to...?	Is dat hetzelfde als.../ Is dat ongeveer hetzelfde als... *Is dat het-zelfda als.../Is dat on-khe-veer het- zolf-da als...*
Could you write that _____ down for me, please?	Kunt u dat voor me opschrijven? *Kunt-oo dat for ma op-skhrayefa?*
Could you spell that _____ for me, please?	Kunt u dat voor me spellen? *Kunt-oo dat for ma spella?*

(See 1.8 Telephone alphabet)

Could you point that _____ out in this phrase book, please?	Kunt u dat in deze taalgids aanwijzen? *Kunt-oo dat in day-ze taal-khids anwayezen?*
One moment, please, _____ I have to look it up	Een ogenblik, ik moet het even opzoeken *Ayn oakhenblik, ik moot het ayfa op-zooken*
I can't find the word/the ___ sentence	Ik kan het woord/de zin niet vinden *Ik kan het woard/de zin neet find-en*
How do you say_____ that in...?	Hoe zeg je dat in het ...? *Hoo zekh ya dat in het ...?*
How do you pronounce ___ that?	Hoe spreek je dat uit? *Hoo sprayk ya dat owt?*

3 .2 Introductions

May I introduce myself? ___	Mag ik me even voorstellen?
	Makh ik ma ayfa foarstella?
My name's... ___	Ik heet ...
	Ik hayt ...
I'm... ___	Ik ben ...
	Ik ben ...
What's your name? ___	Hoe heet u?
	Hoo hayt-oo?
May I introduce...? ___	Mag ik u even voorstellen?
	Makh ik oo ayfa foarstella?
This is my wife/ ___ daughter/mother/ girlfriend	Dit is mijn vrouw/dochter/moeder/vriendin *Dit is mayen* *frow/dokhter/mooder/freendin*
This is my husband/ ___ son/father/boyfriend	Dit is mijn man/zoon/vader/vriend *Dit is mayen man/zoan/fa-der/freend*
How do you do ___	Hallo, leuk u te ontmoeten *Hallo, l-eu-k oo te ont-mooten*
Pleased to meet you ___	Aangenaam (kennis te maken) *Aankhenaam (kennis te maaken)*
Where are you from? ___	Waar komt u vandaan? *Vaar komt-oo fan-dan?*
I'm from ___ England/Scotland/ Ireland/Wales	Ik kom uit Engeland/Schotland/Ierland/Wales *Ik kom owt* *Enga-lant/Skhotlant/ Eerlant/Vayels*
Which town do you ___ live in?	In welke stad woont u? *In vel-ka stat voant-oo?*
In..., which is near... ___	In ... Dat is dicht bij ... *In ... Dat is dikht baye ...*
Have you been here ___ long?	Bent u hier al lang? *Bent-oo heer al lang?*
A few days ___	Een paar dagen *An paar daakhen*
How long will you be ___ staying here?	Hoe lang blijft u hier? *Hoo lang blayeft oo heer?*
We're (probably) ___ leaving tomorrow/ in two weeks	We vertrekken (waarschijnlijk) morgen/over twee weken *Wa fertrekken (vaarskhayenlik) morkha/oafer* *tway wayken*
Where are you staying? ___	Waar logeert u? *Vaar lowzyayrt oo?*
In a hotel/an apartment ___	In een hotel/appartement *In an hoatel/ap-part-a-ment*
At a camp site ___	Op een camping *Op an kemping*
With friends/relatives ___	In huis bij vrienden/familie *In howse baye freen-den/fameelee*
Are you here on your ___ own/with your family?	Bent u hier alleen/met uw gezin? *Bent-oo heer al-ayn/met oow khezin?*
I'm on my own ___	Ik ben alleen *Ik ben al-ayn*
I'm with my ___ partner/wife/husband	Ik ben met mijn partner/vrouw/man *Ik ben met mayen partner/frough/man*

I'm with my family _____	Ik ben met mijn gezin
	Ik ben met mayen khezin
I'm with relatives _____	Ik ben met familie
	Ik ben met fameelee
I'm with a friend/friends ___	Ik ben met een vriend (male)/vriendin (female)/vrienden
	Ik ben met an freend/freend-in/freenden
Are you married? _____	Bent u getrouwd?
	Bent-oo khetrowd?
Do you have a steady _____ boyfriend/girlfriend?	Heb je een vaste vriend(in)
	Hep ya an fas-ta freend/freend-in
That's none of your _____ business	Dat gaat u niets aan
	Dat khaat-oo nix aan
I'm married _____	Ik ben getrouwd
	Ik ben khetrowd
I'm single _____	Ik ben vrijgezel
	Ik ben fraye-khezel
I'm separated _____	Ik ben gescheiden van tafel en bed
	Ik ben khe-skhayeden fan ta-fel en bet
I'm divorced (officially) ___	Ik ben gescheiden (officieel)
	Ik ben khe-skayeden (oafis-ee-ayl)
I'm a widow/widower _____	Ik ben weduwe/weduwnaar
	Ik ben way-dooa/way-doonaar
I live alone/with _____ someone	Ik woon alleen/samen
	Ik voan al-ayn/samen
Do you have any _____ children/grandchildren?	Heeft u kinderen/kleinkinderen?
	Hayft-oo kindera/klayen-kindera?
How old are you? _____	Hoe oud bent u?
	Hoo owd bent-oo?
How old is she/he? _____	Hoe oud is zij/hij?
	Hoo owd is zaye/haye?
I'm... years old _____	Ik ben ... jaar oud
	Ik ben ... yaar owd
She's/he's... years old _____	Zij/hij is ... jaar oud
	Zaye/haye is ... yaar owd
What do you do for a _____ living?	Wat voor werk doet u?
	Vat for verk doot oo?
I work in an office _____	Ik werk op een kantoor
	Ik verk op an kantoor
I'm a student/ _____ I'm at school	Ik studeer/Ik zit op school
	Ik stoodayr/Ik zit op skhoal
I'm unemployed _____	Ik ben werkloos
	Ik ben verkloas
I'm retired _____	Ik ben gepensioneerd
	Ik ben khepens-eeonayrt
I'm on a disability _____ pension	Ik ben afgekeurd/Ik zit in the WAO
	Ik ben af-khe-keurt/Ik zit in the way-ah-oh
I'm a housewife _____	Ik ben huisvrouw
	Ik ben howsfrow
Do you like your job? _____	Vindt u uw werk leuk?
	Fint-oo oow verk l-eu-k?
Most of the time _____	Soms wel, soms niet
	Soms vel, soms neet
I usually do, but I prefer ___ holidays	Meestal wel, maar vakantie is leuker
	Maystal vel, maar vakant-see is l-eu-ker

3

Conversation

.3 Starting/ending a conversation

Could I ask you something?	Mag ik u wat vragen? *Makh ik oo vat frakhen?*
Excuse me	Neemt u me niet kwalijk *Naymt-oo ma neet kwalik*
Excuse me, could you help me?	Pardon, kunt u me helpen? *Par-don, koont oo ma helpa?*
Yes, what's the problem?	Ja, wat is er aan de hand? *Ya, vat is er aan de hant?*
What can I do for you?	Wat kan ik voor u doen? *Vat kan ik for oo doo-en?*
Sorry, I don't have time now	Sorry, ik heb nu geen tijd *Soree, ik hep noo khayn tayet*
Do you have a light?	Heeft u een vuurtje? *Hayft-oo an foort-ya?*
May I join you?	Mag ik bij u komen zitten? *Makh ik baye oo koama zitten?*
Could you take a picture of me/us? Press this button	Wilt u een foto van mij/ons nemen? Dit knopje indrukken *Vilt-oo an foto fan maye/onse naymen? Dit ka-nop-ye in-druk-en*
Leave me alone	Laat me met rust *Laat ma met ru-st*
Get lost	Hoepel op *Hoo-pel op*
Go away or I'll scream	Als u niet weg gaat, ga ik gillen *Als oo neet vekh khaat, kha ik khill-en*

.4 Congratulations and condolences

Happy birthday/many happy returns	Gefeliciteerd met uw verjaardag *Khe-fay-liss-it-tayrt met oo fer-yar-dakh*
Please accept my condolences	Gecondoleerd *Khe-kon-doa-layrt*
I'm very sorry for you	Ik vind het heel erg voor u *Ik fint het hayl erkh for oo*

.5 A chat about the weather

See also 1.5 The weather

It's so hot/cold today!	Wat is het warm/koud vandaag! *Vat is het var-em/kowt fandakh*
Nice weather, isn't it?	Lekker weer, hè! *Lekker wayr, heh!*
What a wind/storm!	Wat een wind/storm! *Vat an vint/stor-em!*
All that rain/snow!	Wat een regen/sneeuw *Vat an raykhen/snay-oo*
All that fog!	Wat een mist! *Vat an mist!*
Has the weather been like this for long here?	Is het hier al lang zulk weer? *Is het heer al lang zul-ek wayr?*
Is it always this hot/cold here?	Is het hier altijd zo warm/koud? *Is het heer al-tayet zo var-em/kowt?*

Conversation

3

Is it always this dry/wet here?	Is het altijd zo droog/nat?
	Is het al-tyet zo droakh/nat?

3 .6 Hobbies

Do you have any hobbies?	Heeft u hobby's?
	Hayft-oo hobbees?
I like knitting reading/photography	Ik houd van breien/lezen/fotograferen
	Ik howd fon braye-en/lay-zen/fotograf-ayren
I like music	Ik houd van muziek
	Ik how fon moo-seek
I like playing the guitar/piano	Ik houd van gitaar/piano spelen
	Ik how fon khee-tar/pe-an-oh spaylen
I like going to the movies	Ik ga graag naar de film
	Ik kha khraakh naar de fil-em
I like travelling/ sport/fishing/walking	Ik reis/sport/vis/wandel graag
	Ik rayes/sport/fis/van-del khraakh

3 .7 Being the host(ess)

See also 4 Eating out

Can I offer you a drink?	Mag ik u iets te drinken aanbieden?
	Makh ik oo eets te drinken an-beeden?
What would you like to drink?	Wat wil je drinken?
	Vat wil ya drinka?
Would you like a cigarette/cigar/to roll your own?	Wilt u een sigaret/sigaar/shagje draaien?
	Vilt oo an sikhar-et, sikhaar/shekya draay-en?
Something non-alcoholic please	Graag iets zonder alcohol
	Khraakh eets zonder al-koh-hol
I don't smoke	Ik rook niet
	Ik roak neet

3 .8 Invitations

Are you doing anything tonight?	Heb je vanavond iets te doen?
	Hep-ya fan-af-ont eets te doo-en?
Do you have any plans for today/this afternoon/tonight?	Heeft u plannen voor vandaag/ vanmiddag/vanavond?
	Hayft-oo planna for fandakh/ fanmiddakh/fan-afont?
Would you like to go out with me?	Heeft u zin om met mij uit te gaan?
	Hayft-oo zin om met maye owt te khaan?
Would you like to go dancing with me?	Heeft u zin om met mij te gaan dansen?
	Hayft-oo zin om met maye te khaan dansa?
Would you like to have lunch/dinner with me?	Heeft u zin om met mij te lunchen/dineren?
	Hayft-oo zin om met maye te lunch-a/dineeren?
Would you like to come to the beach with me?	Heeft u zin om met mij naar het strand te gaan?
	Hayft-oo zin om met maye naar het strant te khaan?

Conversation

Conversation

Would you like to come____ into town with us?	Heeft u zin om met ons naar de stad te gaan?
	Hayft-oo zin om met ons naar de stad te khaan?
Would you like to come____ and see some friends with us?	Heeft u zin om met ons naar vrienden te gaan?
	Hayft-oo zin om met ons naar freenden te khaan?
Shall we dance?_____	Zullen we dansen?
	Zulla wa dansa?
Let's go sit at the bar? _____	Ga je mee aan de bar zitten?
	Khaa-ya may aan de bar zitten
Let's get something to ___ drink?	Zullen we iets gaan drinken?
	Zulla wa eets khaan drinka?
Let's go for a walk/drive? __	Zullen we een eindje gaan lopen/rijden
	Zullen we an ayend-ya khaan loapa/rayeda?
Yes, all right _____	Ja, dat is goed
	Ya, dat is khood
Good idea _____	Goed idee
	Khood ee-day
No (thank you) _____	Nee (bedankt)
	Nay (be-dankt)
Maybe later_____	Straks misschien
	Straks miss-kheen
I don't feel like it _____	Daar heb ik geen zin in
	Daar hep ik khayn zin in
I don't have time _____	Ik heb geen tijd
	Ik hep khayn tayet
I already have a date _____	Ik heb al een andere afspraak
	Ik hep al an andera afspraak
I'm not very good at_____ dancing/volleyball/ swimming	Ik kan niet dansen/volleyballen/zwemmen
	Ik kan neet dansa/volleybal-en/zwemma

3.9 Paying a compliment

You look wonderful! _____	Wat ziet u er goed uit!
	Vat zeet oo air khood owt!
I like your car! _____	Mooie auto!
	Moay-ya owtoe!
I like your ski outfit! _____	Leuk skipak!
	L-eu-k skeepak!
You're a sweet boy/girl ____	Je bent een lieve jongen/meid
	Ya bent an leeva yonga/mayed
What a sweet child! _____	Wat een lief kindje!
	Vat an leef kint-ye!
You're a wonderful _____ dancer!	U danst heel goed
	Oo danst hayl khood
You're a wonderful _____ cook!	U kookt heel goed
	Oo koakt hayl khood
You're a terrific footballer! _	U voetbalt heel goed
	Oo footbalt hayl khood

I like being with you _____	Ik vind het fijn om bij je te zijn
	Ik fint het fayen om baye-ya te zayen
I've missed you so much __	Ik heb je zo gemist
	Ik hep ya zo khe-mist
I dreamt about you _____	Ik heb van je gedroomd
	Ik hep fan ya khe-droamt
I think about you all day ___	Ik moet de hele dag aan je denken
	Ik moot de hayla dakh an ya denken
You have such a sweet ____ smile	Je lacht zo lief
	Ya lakht zo leef
You have such beautiful ___ eyes	Je hebt zulke mooie ogen
	Ye hept zulka moay-ya oakhen
I'm in love with you _____	Ik ben verliefd op je
	Ik ben ferleeft op ya
I'm in love with you too ___	Ik ook op jou
	Ik oak op yow
I don't feel as strongly _____ about you	Ik ben niet zulke sterke gevoelens voor jou
	Ik hep neet zulka sterka khe-foolens for yow
I already have a _____ boyfriend/girlfriend	Ik heb al een vriend/vriendin
	Ik hep al an freent/freend-in
I'm not ready for that_____	Ik ben nog niet zo ver
	Ik ben nokh neet zo fer
This is going too fast _____ for me	Het gaat me veel te snel
	Het khaat ma fayl te snel
Take your hands off me____	Blijf van me af
	Blayef fan ma af
Okay, no problem _____	Oké, geen probleem
	Okay, khayn problaym
Will you stay with me _____ tonight?	Blijf je vannacht bij me?
	Blayef ya fan-nakht baye ma?
I'd like to go to bed_____ with you	Ik wil graag met je naar bed
	Ik vil khraakh met ya naar bet
Only if we use a condom __	Alleen met een condoom
	Allayn met an kon-doam
We have to be careful _____ about AIDS	We moeten voorzichtig zijn vanwege aids
	Wa mooten forzikhtikh zayen fan-vay-kha AIDS
That's what they all say____	Dat zeggen ze allemaal
	Dat zekhen ze allamaal
We shouldn't take any _____ risks	Laten we geen risico nemen
	Laten wa khayn ris-eek-oa nayma
Do you have a condom? ___	Heb je een condoom?
	Hep ya an kon-doam?
No? In that case we _____ won't do it	Nee? Dan doen we het niet
	Nay? Dan doo-en wa het neet

When will I see_____ you again?	Wanneer zie ik je weer?
	Vaneer zee ik ya vayr?
Are you free over the _____ weekend?	Heeft u in het weekend tijd?
	Hayft-oo in het weekent tayet?
What shall we arrange?____	Wat zullen we afspreken?
	Vat zulla wa afsprayka?

Conversation

Where shall we meet? _____	Waar zullen we elkaar treffen?
	Vaar zullen wa elkaar treff-en?
Will you pick me/us up? ___	Komt u mij/ons halen?
	Komt-oo maye/onse haala?
Shall I pick you up? _____	Zal ik u ophalen?
	Zal ik oo ophala
I have to be home by... ____	Ik moet om ... uur thuis zijn
	Ik mut om ... oor towse zayen
I don't want to see _____ you anymore	Ik wil u niet meer zien
	Ik vil oo neet meer zeen

3.12 Saying goodbye

Can I take you home? _____	Mag ik u naar huis brengen?
	Makh ik oo nar howse brenga?
Can I write/call you? _____	Mag ik u schrijven/opbellen?
	Makh ik oo skrayefa/opbella?
Will you write/call me? ____	Schrijft/belt u mij?
	Skrayeft/belt-oo maye?
Can I have your _____ address/phone number?	Mag ik uw adress/telefoonnummer?
	Makh ik oow address/taylayfoan nummer?
Thanks for everything _____	Bedankt voor alles
	Be-dankt for alles
It was very nice _____	Het was erg leuk
	Het vas erkh l-eu-k
Say hello to... _____	Doe de groeten aan ...
	Do de khrooten an ...
All the best _____	Ik wens je het allerbeste
	Ik vens ya het allerbesta
Good luck _____	Veel succes verder
	Fayl suc-sess ferder
When will you be back? ___	Wanneer kom je weer?
	Vaneer kom-ya veer
I'll be waiting for you _____	Ik wacht op je
	Ik vaacht op ya
I'd like to see you again____	Ik zou je graag nog eens terugzien
	Ik zow ya khraakh nokh ayns terukh zeen
I hope we meet _____ again soon	Ik hoop dat we elkaar gauw weerzien
	Ik hoap dat wa elkaar khow veer-zeen
This is our address _____	Dit is ons adres
	Dit is onse address
If you're ever in the _____ UK, you'd be more than welcome	Als u ooit in Groot-Brittannie bent, u bent van harte welkom
	Als oo oy-it in Khroat-Brit-an-nee-a bent, oo bent fon hart-a vel-kom

4

Eating out

Eating out

● A Dutch breakfast often consists of selection of different breads and rolls with ham, cheese, and boiled egg (*gekookt ei*). Sweet spreads for the bread include jam (*jam*) and marmalade (*marmelade*), chocolate spread (*chocopasta*) and peanut butter (*pindakaas*). Tea is normally drunk very weak and without milk.

The centres of all towns have a selection of cafés/bars which will serve snacks and coffee as well as alcoholic drinks. Two common snacks are rolls (*broodjes*) with ham (*ham*) or cheese (*kaas*). A good value traditional Dutch snack is an *uitsmijter*: several slices of bread topped with copious slices of ham and topped with a fried egg (*gebakken ei*) or two. The excellent Dutch pilsner or lager beer (*bier* or *pils*) is usually served in a small glass with a large head of froth.

4 .1 **O**n arrival

I'd like to book a table for seven o'clock	Kan ik een tafel voor zeven uur reserveren?
	Kan ik an tafel for zayfen oor rayserv-ayren?
I'd like a table for two, please	Graag een tafel voor twee personen
	Khraakh an taa-fel for tway persoanen
We've/we haven't booked	Wij hebben (niet) gereserveerd
	Waye hebba (neet) khe-rayserv-ayrd
Is the kitchen still open?	Is de keuken al open?
	Is de k-eu-ken al oapa?
What time does the kitchen open/close?	Hoe laat gaat de keuken open/dicht?
	Hoo laat khaat de k-eu-ken oapa/dikht?
Can we wait for a table?	Kunnen wij op een tafel wachten?
	Kunna waye op an taafel vakhten?
Do we have to wait long?	Moeten wij lang wachten?
	Mooten waye lang vakhten?

Heeft u gereserveerd?	Do you have a reservation?
Onder welke naam?	What name, please?
Deze kant op alstublieft	This way, please
Deze tafel is gereserveerd	This table is reserved
Over een kwartier hebben wij een tafel vrij	We'll have a table free in fifteen minutes.
Wilt u zolang (aan de bar) wachten?	Would you like to wait (at the bar)?

Is this seat taken?	Is deze plaats bezet?
	Is day-ze plaats be-zet?
Could we sit here/there?	Mogen wij hier/daar zitten?
	Moakha waye heer/daar zit-ten?
Can we sit by the window?	Mogen wij bij het raam?
	Moakha waye baye het raam?
Can we eat outside as well?	Kunnen we buiten ook eten?
	Kunna wa bowten oak ayten?
Do you have another chair for us?	Heeft u nog een stoel voor ons?
	Heeft-oo nokh an stool for ons?
Do you have a highchair?	Heeft u een kinderstoel?
	Heeft-oo an kinderstool?

Is there a socket for _____ this bottle-warmer?	Is er voor deze flessen-warmer een stop-contact?
	Is air for day-ze flessen-varmer an stop-contakt?
Could you warm up _____ this bottle/jar for me?	Kunt u dit flesje/potje voor mij opwarmen?
	Kunt-oo dit flesya/potya for maye op-varmen?
Not too hot, please _____	Niet te warm alstublieft
	Neet te var-em als-too-bleeft
Is there somewhere I _____ can change the baby's nappy?	Is hier een ruimte waar ik de baby kan verzorgen?
	Is heer an rowmte vaar ik de baybee kan ferzorkha?
Where are the toilets? _____	Waar is het toilet?
	Vaar is het twa-let?

4.2 Ordering

Waiter! _____	Ober!
	Oaber!
Miss! _____	Mevrouw!
	Ma-frow!
Sir! _____	Meneer!
	Men-eer!
We'd like something to _____ eat/drink	Wij willen graag wat eten/drinken
	Waye willen khraakh vat ayta/drinka
Could I have a quick _____ meal?	Kan ik snel iets eten?
	Kan ik snel eets ayta?
We don't have much _____ time	Wij hebben weinig tijd
	Waye hebba wayenikh tayet
We'd like to have a _____ drink first	Wij willen eerst nog wat drinken
	Waye villen eerst nokh vat drinken
Could we see the _____ menu/wine list, please?	Mogen wij de menukaart/wijnkaart?
	Moakha waye de me-noo-kaart/vayenkaart?
Do you have a dish _____ of the day?	Heeft u een dagschotel?
	Hayft-oo an dakhskhotel?
We haven't made a _____ choice yet	Wij hebben nog niet gekozen
	Waye hebben nokh neet khe-koazen
What do you _____ recommend?	Wat kunt u ons aanbevelen?
	Vat kunt oo ons aan-befaylen?
What are the specialities _____ of the region/the house?	Wat zijn de specialiteiten van deze streek/het huis?
	Vat zayen de spesee-al-it-tayten fan day-ze strayk/het howse?
I like strawberries/olives _____	Ik houd van aardbeien/olijven
	Ik how fan ard-bay-yen/oalayefen
I don't like fish/meat/... _____	Ik houd niet van vis/vlees/...
	Ik how neet fan fis/flays/...
What's this? _____	Wat is dit?
	Vat is dit?
Does it have...in it? _____	Zitten er ... in?
	Zitten air ... in?
What does it taste like? _____	Waar lijkt het op?
	Vaar layekt het op?
Is this a hot or _____ cold dish?	Is dit gerecht warm of koud?
	Is dit kherekht wa-rem of kowd?

Is this sweet? _____	Is dit gerecht zoet?
	Is dit kherekht zoot?
Is this spicy/highly _____ seasoned	Is dit gerecht pikant/gekruid?
	Is dit kherekht pee-kant/khe-krowt?
Do you have anything _____ else, please?	Heeft u misschien iets anders?
	Hayft-oo miss-kheen eets anders?
I'm on a salt-free diet _____	Ik mag geen zout (eten)
	Ik makh khayn zowt (ayten)
I can't eat pork _____	Ik mag geen varkensvlees
	Ik makh khayn farkens-flays
I can't eat sugar _____	Ik mag geen suiker
	Ik makh khayn sowker
I can't eat fatty foods _____	Ik mag geen vet
	Ik makh khayn fet
I can't eat (hot) spices ____	Ik mag geen (scherpe) kruiden
	Ik makh khayn (skhairpa) krowden
I'll have what those_____ people are having	Graag hetzelfde als die mensen
	Khraakh het-zelfda als dee mensa
I'd like... _____	Ik wil graag...
	Ik vil khraakh...
We're not having entrées __	Wij nemen geen voorgerecht
	Way naymen khayn vor-kherekht

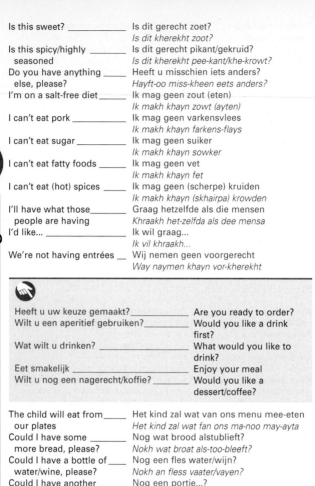

Heeft u uw keuze gemaakt?_____	Are you ready to order?
Wilt u een aperitief gebruiken?_____	Would you like a drink first?
Wat wilt u drinken? _____	What would you like to drink?
Eet smakelijk _____	Enjoy your meal
Wilt u nog een nagerecht/koffie? _____	Would you like a dessert/coffee?

The child will eat from_____ our plates	Het kind zal wat van ons menu mee-eten
	Het kind zal wat fan ons ma-noo may-ayta
Could I have some _____ more bread, please?	Nog wat brood alstublieft?
	Nokh wat broat als-too-bleeft?
Could I have a bottle of ____ water/wine, please?	Nog een fles water/wijn?
	Nokh an fless vaater/vayen?
Could I have another _____ helping of...?	Nog een portie...?
	Nokh an por-see...?
Could I have some salt ____ and pepper, please?	Kunt u zout en peper brengen alstublieft?
	Kunt-oo zowt en payper brenga als-too-bleeft?
Could I have a napkin, ____ please?	Kunt u een servet brengen, alstublieft?
	Kunt-oo an servet brenga, als-too-bleeft?
Could I have a teaspoon, __ please?	Kunt u een lepeltje brengen alstublieft?
	Kunt-oo an laypeltya brenga als-too-bleeft?
Could I have an ashtray, ___ please?	Kunt u een asbak brengen alstublieft?
	Kunt-oo an asbak brenga als-too-bleeft?
Could I have some _____ matches, please?	Kunt u wat lucifers brengen alstublieft?
	Kunt-oo wat loosee-fers brenga als-too-bleeft?
Could I have some _____ toothpicks, please?	Kunt u wat tandenstokers brengen alstublieft?
	Kunt-oo wat tandenstoakers brenga als-too-bleeft?

Could I have glass of _____ water, please?	Kunt u een glas water brengen alstublieft?
	Kunt-oo an khlas vaater brenga als-too-bleeft
Could I have a straw _____ (for the child), please	Kunt u een rietje (voor het kind) brengen alstublieft?
	Kunt-oo an reet-ye (foar het kint) brenga als-too-bleeft?
Enjoy your meal! _____	Eet smakelijk!
	Ayt smack-a-lik!
You too! _____	Van hetzelfde!
	Fan het-zelf-da
Cheers! _____	Proost!
	Proast!
The next round's on me ___	Het volgende rondje is voor mij
	Het folkhenda rontya is for maye
Could we have a doggy_____ bag, please?	Mogen wij de resten meenemen voor onze hond?
	Moakha waye de resten may-nay-men for onza hont?

.3 The bill

See also 8.2 Settling the bill

How much is this dish? ____	Wat is de prijs van dit gerecht?
	Vat is de prayes fan dit kherekht?
Could I have the bill, _____ please?	De rekening alstublieft
	De ray-ken-ing als-too-bleeft
All together _____	Alles bij elkaar
	Alles baye elkaar
Everyone pays separately__	Ieder betaalt voor zich
	Eeder betaalt for zikh
Could we have the menu __ again, please?	Mogen wij de kaart nog even zien?
	Moakha waye de kaart nokh ayva zeen?
The...is not on the bill _____	De ... staat niet op de rekening
	De... staat neet op de raykening

.4 Complaints

It's taking a very_____ long time	Het duurt wel erg lang
	Het doo-ert wel erkh lang
We've been here an _____ hour already	Wij zitten hier al een uur
	Waye zitten heer al an oor
This must be a mistake ____	Dit moet een vergissing zijn
	Dit moot an ferkhissing zayen
This is not what I_____ ordered	Dit is niet wat ik besteld heb
	Dit is neet vat ik be-steld hep
I ordered... _____	Ik heb om ... gevraagd
	Ik hep om ... khefraakhd
There's a dish missing_____	Er onbreekt een gerecht
	Air onbraykt an kherekht
This is broken/not clean ___	Dit is kapot/niet schoon
	Dit is ka-pot/neet skhoan
The food's cold _____	Het eten is koud
	Het ayta is kowt
The food's not fresh _____	Het eten is niet vers
	Het ayta is neet fers

4

The food's too ___ salty/sweet/spicy	Het eten is te zout/zoet/gekruid *Het ayta is te zowt/zoot/khekrowt*
The meat's not done___	Het vlees is niet gaar *Het flayse is neet khaar*
The meat's overdone ___	Het vlees is te gaar *Het flays is te khaar*
The meat's tough ___	Het vlees is taai *Het flays is ty-ya*
The meat's off ___	Het vlees is bedorven *Het flays is be-dorfen*
Could I have something ___ else instead of this?	Kunt u mij hier iets anders voor geven? *Kunt-oo maye heer eets anders for khayfen?*
The bill's/this amount's ___ not right	De rekening/dit bedrag klopt niet *De raykening/dit be-drakh klopt neet*
We didn't have this___	Dit hebben wij niet gehad *Dit hebba waye neet khe-hat*
There's no paper in the ___ toilet	Er is geen toiletpapier op het toilet *Air is khayn twa-let-pap-eer op het twa-let*
Do you have a ___ complaints book?	Heeft u een klachtenboek? *Hayft-oo an klakhtenbook?*
Will you call the___ manager, please?	Wilt u alstublieft uw chef roepen? *Vilt-oo als-too-bleeft oow shef roopen?*

🔴.5 Paying a compliment

That was a wonderful ___ meal	Wij hebben heerlijk gegeten *Waye heb-ben heerlik khekhayten*
The food was excellent ___	Het heeft ons voortreffelijk gesmaakt *Het hayft ons foar-tref-a-lik khesmaakt*
The...in particular was ___ delicious	Vooral de ... was heel bijzonder *Foar-al de ... vas hayl be-zonder*

🔴.6 The menu

alcholische dranken alcoholic drinks	hoofdgerechten main courses	voorgerechten entrées/starters/hors d'oeuvres
aperitief appetizer	koude dranken cold beverages	warme dranken hot beverages
bediening niet inbegrepen service not included	koude gerechten cold dishes	warme gerechten hot dishes
frisdrank soft drinks	nagerechten sweets/desserts	wijnen wines
gebak pastry	soepen soups	
hoofdgerecht entrée (American English)	specialiteiten specialties	
	taart pastry	

aalbessen
red currants
aardappelen
potatoes
aardappelpuree
mashed potato
aardappelsalade
potato salad
aardbeien
strawberries
abrikozen
apricots
abrikozenvlaai
apricot flan
advocaat
advocaat, egg flip
amandelen
almonds
ananas
pineapple
andijvie
endive
ansjovissen
anchovies
appelbeignets
apple fritters
appelbol
apple dumpling
appelflap
apple turnover
appelsap
apple juice
appelstroop
apple syrup
appelstrudel
apple strudel
appeltaart (met
slagroom)
apple cake (with
whipped cream)
artisjok
artichoke
asperge
asparagus
augurken
gherkins
azijn
vinegar
bami goreng
Indonesian fried
noodles
banaan
banana

banketletter
puff pastry roll with
marzipan filling
basilicum
basil
beignets
fritters
belegen kaas
mature cheese
beschuit
rusk/dutch
crispbread
bessen
berries
bessenjenever
blackcurrant liqueur
biefstuk
beef steak
biefstuk van de haas
fillet steak
bier
beer
bieslook
chives
bieten
beetroot
bitterballen
croquette meatballs
(appetizer)
blinde vinken
(veal) beef olives
bloemkool
cauliflower
boerenjongens
brandy with raisins
boerenkaas
farmhouse cheese
boerenkoolstampot
met rookworst
mashed potato, kale,
and smoked
sausage
boerenmeisjes
apricots with brandy
boerenmetworst
coarse sausage
boerenomelet
ham and potato
omelette
bokking (gerookte)
smoked red herring
bokking (verse)
bloater

bonen
beans
bonensla
bean salad
borrelnootjes
peanuts with crispy
coating
borst
breast
bosbessen
bilberries
boter
butter
boterham met kaas
cheese sandwich
boterham met...
... sandwich
boterhamworst
sliced sausage
boterletter
puffed pastry roll
with marzipan
filling
bouillon
consommé
bouillondrank
beef tea
bout
leg
brandewijn
brandy
brood
bread
broodje
bun or roll
broodje kaas
cheese roll
capsicum
pepper
(green/red/yellow)
cassis
blackcurrant cordial
champignons
mushrooms
chips
crisps
chocolade pasta
chocolate spread
chocolade vla
chocolate custard
chocolade vlokken
chocolate flakes

4

Eating out

Eating out

chocomel
bottled or tinned
  chocolate drink
citroen
lemon
citroenlimonade
lemonade
citroenthee
lemon tea
compote
stewed fruit
croquetje/ kroket
croquette
dame blanche
ice cream with
  chocolate sauce
doperwten
peas
droog
dry
druiven
grapes
Edammer
Edam cheese
eend
duck
eieren
eggs
eierkoeken
flat sponge cakes
erwtensoep (met
  spek/worst)
pea soup (with
  bacon/sausage)
fazant
pheasant
filet
fillet
fles
bottle
forel
trout
frambozen
raspberries
frikandel
rissole
frites
chips
ganzenlever
goose liver
garnalen
prawns
gebak/gebakje
cake
gebakken paling
fried eel

gebonden
thickened
gebonden soep
thick soup
gebraden .
roast
gedistilleerde
  dranken
spirits
gegarneerd
garnished
gegrild
grilled
gehakt
minced meat
gehaktbal
meat ball
gekookt
boiled
gemarineerd
marinated
gember
ginger
gemberkoek
special breakfast
  gingerbread
gemengde salade
mixed salad
gepaneerd
breadcrumbed/
  breaded
gepocheerd
poached
gerookt
smoked
gerookte paling
smoked eel
gerookte zalm
smoked salmon
gerookte, gezouten
  haring
smoked, salted
  herring
gestampte muisjes
aniseed fragments
  eaten on bread
gestoofd
stewed
gestoofd konijn
stewed rabbit
gevogelte
poultry
gevuld
stuffed
gewelde boter
melted butter beaten
  with water

goed doorbakken
  (biefstuk)
well done (steak)
Goudse kaas
Gouda cheese
groene haring
lightly salted new
  season's herring
groenten
vegetables
groentesoep
vegetable soup
gulasch
goulash
haas
hare
hachée
stew
hagelslag
hundreds and
  thousands
halfrauw (biefstuk)
rare (steak)
halfvolle melk
semi-skimmed milk
halfvolle yoghurt
semi-skimmed
  yoghurt
halvarine
half butter/half
  margarine
ham
ham
hamlappen
belly of pork
haring
herring
hart
heart
havermoutpap
porridge made with
  milk
heilbot
halibot
hersenen
brains
hertenvlees
venison
hete bliksem
mashed apples and
  potatoes
hom
soft roe
honing
honey
honingkoek
gingerbread

hoofdkaas (zult)
brawn
hutspot
hotpot of mashed
  potato, carrots,
  onions, and rib of
  beef
huzarensla
potato salad with
  beetroot, gherkins,
  etc
ijs
ice cream
in het zuur
pickled
jachtschotel
hotpot
janhagel
type of biscuit
jenever
Dutch gin
jonge kaas
new cheese
jonge klare
young Dutch gin
jus
gravy
jus d'orange
orange juice
kaas
cheese
kaassoesje
cheese puff
kabeljauw
cod
kadetje
soft roll
kalfslever
calf's liver
kalfsniertjes
calf's kidneys
kalfsschnitzel
veal schnitzel
kalfstong
calf's tongue
kalfsvlees
veal
kalkoen
turkey
kaneel
cinnamon
karbonade
chop
karnemelk
buttermilk
karper
carp

kastanjes
chestnuts
kastrol
casserole
kerrie
curry
kersen
cherries
kersenvlaai
cherry flan
kervelsoep
chervil soup
kikkerbilletjes
frog's legs
kip
chicken
kippenpoot
drumsticks/chicken
  legs
kippenvlees
chicken
knäckebröd
crispbread
knoflook
garlic
koekjes
biscuits, cookies
koffie (zwart/met
  melk)
coffee (black/with
  milk)
koffieroom
creamy milk for
  coffee
koffietafel
light lunch
kogelbiefstuk
thick end of rump
komijnekaas
cheese with cumin
  seeds
komkommer
cucumber
konijn
rabbit
koninginnesoep
cream of chicken
  soup
kool
cabbage
koolraap
swede
korenwijn
well-aged gin
korst
crust

kotelet
cutlet
kreeft
lobster
kreeftesoep
lobster soup
krenten
currants
krentenbrood
currant loaf
kroepoek
prawn crackers
kruiden
herbs/spices
kruidenboter
herb butter
kruisbessen
gooseberries
kruizemuntsaus
mint sauce
kuit
hard roe
kwark
soft white cheese
kwarktaart
cheesecake
kwast
lemon squash
lamsvlees
lamb
landwijn
vin ordinaire
laurierblad
bay leaf
lekkerbekjes
deep-fried whiting in
  batter
lever
liver
leverworst
liver sausage
lichtgebakken
  (biefstuk)
lightly cooked (steak)
Limburgse vlaai
Limburg flan
limoen
lime
limonade
lemonade
linzen
lentils
loempia
Indonesian spring
  roll
mager vlees
lean meat

4

Eating out

magere kaas	ossenstaart (soep)	prei
skimmed milk cheese	oxtail (soup)	leek
	oude kaas	pruim
magere kwark	mature cheese	plum
low-fat soft cheese	oude klare	rabarber
magere melk	mature Dutch gin	rhabarber
skimmed milk	paardenrookvlees	radijsjes
magere yoghurt	smoked horse meat	radishes
low-fat yoghurt	paling	ragout
maïs	eel	stew
corn on the cob	paneermeel	rauw
makreel	breadcrumbs	raw
mackerel	pannekoek/	rijst
marsepein	pannekoek-je	rice
marsipan	pancake	rijstevlaai
melk	paprijst	rice flan
milk	pudding rice	rivierkreeft
meloen	paprika	fresh water crayfish
melon	(groene/rode)	rode biet
mierikswortel	pepper (green/red)	beetroot
horseradish	pastei	rode kool
moes	vol-au-vent	red cabbage
puréed fruit	patates frites	roerei
moesappelen	French fries	scrambled egg
cooking apples	patrijs	roggebrood
mosselen	partridge	rye bread
mussels	peer	rolmops
mosterd	pear	rollmops/marinated
mustard	peper	herring
mousserend	pepper	rood
sparkling	perzik	red
nasi goreng	peach	rookworst
Indonesian fried rice	peterselie	smoked sausage
niertjes	parsley	room
kidneys	pikant	cream
nieuwe haring	piquant/spicy	roomijs
early-season herring	pils	genuine cream ice-
nootmuskaat	lager	cream
nutmeg	pindakaas	rosbief
noten	peanut butter	roast beef
nuts	pinda's	rozijnen
oesters	peanuts	raisins
oysters	plantaardige olie	runderlap
oliebol	vegetable oil	stewing steak
doughnut without the hole	pocheren	rundvlees
	poach	beef
olijfolie	poffertjes	Russisch ei
olive oil	mini pancakes	egg salad
omelet	dusted with icing	salade met noten
omelette	sugar and eaten	nut salad
ontbijtkoek	with butter	salie
gingerbread	pompelmoes	sage
ontbijtspek	grapefruit	sambal
smoked lean bacon	pompelmoessap	hot Indonesian chilli
ossenhaas	grapefruit juice	sauce
fillet of beef	pompoen	sap
	pumpkin	juice

saté
Indonesian kebab

saucijzenbroodje
sausage roll

saus
sauce

scharrelei
free-range egg

schartong
lemon sole

schelpdieren
shell fish

schelvis
haddock

schol
plaice

schuimgebak
meringue

selderij
celery

sinaasappel
orange

sinaasappelsap
orange juice

sinas
orangeade

sla
lettuce

slaatje
salad

slagroom
whipped cream

slakken
snails

slasaus
salad cream

smeerkaas
spreading cheese

snijbonen
string beans

snoek
pike

soep van de dag
soup of the day

sojasaus (ketjap)
soy sauce (ketchup)

spa water
mineral water

specerijen
spices

speculaas
spiced biscuit

spek
bacon

sperziebonen
French beans

spiegelei
fried egg

spijskaart
menu

spinazie
spinach

spruitjes
Brussels sprouts

steurgarnalen
prawns

stokbrood
French bread

stroop
syrup/treacle

stroopwafel
waffle biscuit with
    syrup filling

suiker
sugar

suikerklontjes
sugar lumps

tarwebrood
wheat bread

thee
tea

tijm
thyme

tomaat
tomato

tong (vis)
sole

tonijn
tuna

tosti
toasted sandwich

tuinbonen
broad beans

uien
onions

uitsmijter
ham and eggs

van de tap
draught

vanillevla
vanilla custard

varkensbiefstuk
pork fillet

varkensfricandeau
pork fricandeau

varkenshaas
pork fillet

varkensoester
pork escalope

varkenspoot
leg of pork

varkensrib
pickled smoked rib
of pork

varkensrollade
rolled rib of pork

varkensvlees
pork

venkel
fennel

vermout
vermouth

verse haring
fresh herring

vet
fat

vis
fish

vlees
meat

vleet
skate

vlierbessen
elderberries

volkorenbrood
wholemeal bread

volle melk
full-cream milk

voorn
roach

vruchten
fruit

vruchtensap
fruit juice

vruchtensla
fruit salad

wafel
waffle

walnoot
walnut

warme
chocolademelk
hot chocolate drink

waterkers
watercress

wijn
wine

wijting
whiting

wild
game

wildbraad
game

wit
white

witlof
chicory

Eating out

witte wijn
white wine
wittebrood
white bread
witte kool
white cabbage
worstjes
sausages
wortel
carrot
worteltjes
carrots
zalm
salmon
zalmforel
salmon trout/sea
 trout

zeebanket
sea food
zeelt
tench
zeepaling
sea eel
zilveruitjes
silverskin onions
zoete broodjes
buns
zoet-zuur
sweet and sour
zout
salt

zuurkool met
 spek/worst
sauerkraut with
 bacon/sausage
zwarte bessen
blackcurrants
zwarte bessenjam
blackcurrant jam
zwarte kersenjam
black cherry jam
zwezerik
sweetbread

On the road

On the road

5.1 **A**sking for directions

Excuse me, could I ask you something?	Pardon, mag ik u iets vragen? *Pardon, makh ik oo eets frakhen?*
I've lost my way	Ik ben de weg kwijt *Ik ben de vekh kwayet*
Is there a... around here?	Weet u een ... in de buurt? *Vayt oo an ... in de boo-ert*
Is this the way to...?	Is dit de weg naar...? *Is dit de vekh naar ...?*
Could you tell me how to get to... by car/on foot?	Kunt u me zeggen hoe ik naar...moet rijden/lopen? *Kunt-oo me zekhen hoo ik naar...moot rayeden/loapen?*
What's the quickest way to...?	Hoe kom ik het snelst in...? *Hoo kom ik het snel-ste in...?*
How many kilometres is it to...?	Hoeveel kilometer is het nog naar...? *Hoofayl keelomayter is het nokh naar...?*
Could you point it out on the map?	Kunt u het op de kaart aanwijzen? *Kunt oo het op de kaart aan-wayezen?*

Ik weet het niet, ik ben hier niet bekend	I don't know, I don't know these parts
U zit verkeerd	You're going the wrong way
U moet terug naar...	You have to go back to...
Daar wijzen de borden u verder	From there on just follow the signs
Daar moet u het opnieuw vragen	When you get there, ask again

---

rechtdoor straight on	de straat the street	het viaduct the fly-over
linksaf turn left	het verkeerslicht the traffic light	de brug the bridge
rechtsaf turn right	de tunnel the tunnel/underpass	de spoorwegovergang /de spoorbomen
afslaan turn	het verkeersbord 'voorrangskruising'	the level crossing/the
volgen follow	the 'give way' sign	crossing barriers
oversteken cross	het gebouw the building	het bord richting... the sign pointing
de kruising intersection	op de hoek at the corner	to...
	de rivier the river	de pijl the arrow

● Documents: valid passport and visa if required. For car and motorbike: valid UK or Republic of Ireland driving licence and registration document, insurance document, accident reporting form, registration plate and country identification sticker on rear of car. A green card is no longer required but some insurers wish to be informed if you are going abroad. Caravans must also display the country identification sticker. A warning triangle, headlight convertors, and spare headlight bulbs must be carried.

Import and export restrictions
Within the European Union travellers are only subject to selective spot checks. There is no restriction, either by quantity or value, on goods purchased in another EU country provided they are for personal use. Visitors from other countries are advised to contact a travel agent, customs, or the Embassy before travelling.

Uw paspoort alstublieft _____	Your passport, please
De groene kaart alstublieft_____	Your green card, please
Het kentekenbewijs alstublieft _____	Your vehicle registration documents, please
Uw visum alstublieft _____	Your visa, please
Waar gaat u naartoe? _____	Where are you heading?
Hoe lang bent u van plan te blijven? ___	How long are you planning to stay?
Heeft u iets aan te geven? _____	Do you have anything to declare?
Wilt u deze openmaken? _____	Open this

My children are entered ___ in this passport
Mijn kinderen zijn bijgeschreven in dit paspoort
Mayen kindere zayen baye-khe-schrayfen in dit passport

I'm travelling through _____
I'm in transit
Ik ben op doorreis
Ik ben op door-rayes

I'm going on holiday to... __
Ik ga op vakantie naar...
Ik kha op vak-ant-see naar...

I'm on a business trip _____
Ik ben op zakenreis
Ik ben op zaakenrayes

I don't know how long_____ I'll be staying yet
Ik weet nog niet hoe lang ik blijf
Ik wayt nokh neet hoo lang ik blayef

I'll be staying here for _____ a weekend
Ik blijf hier een weekend
Ik blayef heer ayn veek-ent

I'll be staying for a few ___ days
Ik blijf hier een paar dagen
Ik blayef heer an paar daakhen

I'll be staying here for a ___ week
Ik blijf hier een week
Ik blayef heer an wayk

I'll be staying here for _____ two weeks
Ik blijf hier twee weken
Ik blayef heer tway wayken

I've nothing to declare_____
Ik heb niets aan te geven
Ik hep nix aan te khaye-va

I've got ... with me _____	Ik heb... bij me
	Ik hep ... baye ma
I've got a carton of _____ cigarettes with me	Ik heb een slof sigaretten bij me
	Ik hep an slof sikhar-etten baye ma
I've got a bottle of ... _____ with me	Ik heb een fles...bij me
	Ik hep an fless...baye ma
I've got some souvenirs ___ with me	Ik heb enkele souvenirs bij me
	Ik hep en-ke-le soo-fen-eers baye ma
These are personal _____ items	Dit zijn persoonlijke spullen
	Dit zayen persoanlika spulla
Here's the receipt _____	Hier is de bon
	Heer is de bon
This is for private use ____	Dit is voor eigen gebruik
	Dit is for aye-khen khebrowk
How much import duty ____ do I have to pay?	Hoeveel moet ik aan invoerrechten betalen?
	Hoo fayl moot ik an infoor-rekhten betaalen?
Can I go now? _____	Mag ik nu gaan?
	Makh ik noo khaan?

5 .3 Luggage

Porter! _____	Kruier!
	krow-yer
Could you take this_____ luggage to...?	Wilt u deze bagage naar brengen...alstublieft?
	Vilt-oo dayze bakhazya naar...brengen alstoo-bleeft?
How much do I _____ owe you?	Hoeveel krijgt u van mij?
	Hoofayl krayekht-oo fan maye?
Where can I find a _____ luggage trolley?	Waar kan ik en bagagewagentje vinden?
	Vaar kan ik an bakh-azya-vakhent-ya finden?
Could you store this _____ luggage for me?	Kan ik deze bagage in bewaring geven?
	Kan ik day-ze bakh-azya in be-waaring khaye-fen?
Where are the luggage ____ lockers?	Waar zijn de bagagekluizen?
	Vaar zayen de bakh-azya klowzen?
I can't get the locker _____ open	Ik krijg de kluis niet open
	Ik krayekh de klowse neet opa
How much is it per item ___ per day?	Hoeveel kost het per stuk per dag?
	Hoofayl kost het per stuck per dakh?
This is not my bag/ _____ suitcase	Dit is niet mijn tas/koffer
	Dit is neet mayen tass/koffer
There's one item/bag/ _____ suitcase missing still	Er ontbreekt nog een stuk/tas/koffer
	Air ont-braykt nokh ayn stuck/tass/kof-fer
My suitcase is damaged ___	Mijn koffer is beschadigd
	Mayen koffer is be-skha-dikhd

5 .4 Traffic signs

afrit	doodlopende weg	eenrichtingsverkeer
exit	dead end (cul-de-sac)	one-way traffic
alle richtingen		einde
all directions	doorgaand verkeer gestremd	snelheidsbeperking
andere richtingen	road closed	end of speed limit
other directions	doorgaand verkeer	fabrieksuitgang
centrum	through traffic	works exit
town centre		

fietsers	parkeerzone	verboden linksaf te
cyclists	(parkeerschijf	slaan
fietspad	verplicht)	no left turn
cycle path	zone parking (disc	verboden rechtsaf
gevaar	must be shown)	te slaan
danger	rechts houden	no right turn
gevaarlijke bochten	keep right	verminder snelheid
dangerous bends	rijbaan voor bus	reduce speed
helling	bus lane	verplichte rijrichting
incline	slecht wegdek	compulsory route
ijzel	irregular road	voetgangers
black ice	surface	pedestrians
inrijden verboden	slipgevaar	voorangsweg
no entry	slippery road	major road
kruising	snelheid	voorrang verlenen
junction	verminderen	give way
langzaam	reduce speed	voorsorteren
slow	snelweg	get in lanc
links houden	motorway	wachtverbod
keep left	stapvoets	no waiting
maximum snelheid	drive at walking	weg afgesloten
maximum speed	pace	road closed
ondergrondse	steenslag	wegomlegging
parkeergarage	loose chippings	diversion
underground car park	tegenliggers	wegversmalling
ontsteek uw lichten	oncoming traffic	road narrows
switch on lights	uitgang	werk in uitvoering
oversteekplaats	exit/way out	road works
voetgangers	uitrit	zachte berm
pedestrian crossing	exit	soft verge
overweg	uitrit vrijlaten	ziekenhuis
level crossing	keep exit free	hospital
parkeerplaats	verboden in te halen	
parking/lay-by (out	no overtaking	
of town)		

.5 The car

See the diagram on page 53.

● Particular traffic regulations:
Maximum speed for cars:
120 kph on motorways
80 kph on main roads
50 kph in built-up areas
At 'walking pace' in designated residential zones signed with a white house on a blue background.
Give way to the right except on designated priority roads and also at roundabouts (to traffic entering the roundabout!).

.6 The petrol station

● Lead free, diesel, and LPG (liquified petroleum gas) is widely available throughout the Netherlands and although leaded petrol is no longer available, fuel suitable for engines running on leaded petrol is sold as 'Super'. In Belgium, leaded fuel called 'Super' can be bought, however gas is less widely available. Petrol is sold by the litre.

How many kilometres to the next petrol station, please?	Hoeveel kilometer is het naar het volgende benzinestation?
	Hoofayl keelomayter is het naar het folkhenda benzeena-sta-shon?
... litres, please	Ik wil...liter
	Ik vil...leeter
... litres of 4 star, please	Ik wil...liter superbenzine
	Ik vil...liter superbenzeena
... litres 2 star, please	Ik wil...liter normale benzine
	Ik vil...leeter norm-ala benzeena
... diesel, please	Ik wil...liter diesel
	Ik vil...leeter deesel
... unleaded, please	Ik wil...liter loodvrije benzine
	Ik vil...leeter loadfraye benzeena
... guilders/francs worth of LPG, please	Ik wil voor...gulden/frank LPG
	Ik vil foar ...khulden/fronk el-pay-khay
Fill her up, please	Vol alstublieft
	Foll als-too-bleeft
Could you check...?	Wilt u...controleren?
	Vilt oo...control-ayren
Could you check the oil level?	Wilt u het oliepeil controleren?
	Vilt-oo het oaliepile control-ayren?
Could you check the tyre pressures, please?	Wilt u de bandenspanning controleren?
	Vilt-oo de banden-span-ing control-ayren?
Could you change the oil, please?	Kunt u de olie verversen?
	Kunt-oo de oalie ferversen?
Could you clean the windows/the windscreen, please?	Kunt u de ruiten/voorruit schoonmaken?
	Kunt-oo de rowten/for-rowt skhoanmaken?
Could you give the car a wash, please?	Kunt u de auto een wasbeurt geven?
	Kunt-oo de owtoe an wasbeurt khayfan?

5 .7 Breakdowns and repairs

I'm having trouble with the car. Can you help me?	Ik heb pech. Kunt u me even helpen?
	Ik hep pekh. Kunt-oo ma ayfa helpa?
I've run out of petrol	Ik sta zonder benzine
	Ik sta zonder benzeena
I've locked the keys in the car	Ik heb de sleuteltjes in de auto laten staan
	Ik hep de sleu-telt-yas in de owtoe laten staan
The car/motorbike/moped won't start	De auto/motorfiets/brommer start niet
	De ow-toe/motorfeets/brommer start neet
Could you contact the motoring organisation?	Kunt u voor mij de wegenwacht waarschuwen?
	Kunt-oo for maye de vaykhenvakht vaarskhooen?
Could you call a garage for me, please?	Kunt u voor mij een garage bellen?
	Kunt-oo for maye an khara-zya bellen?
Could you give me a lift to...?	Mag ik meerijden naar ...?
	Makh ik mayrayeden naar?
Could you give me a lift to a garage/the town?	Mag ik meerijden naar een garage/de stad?
	Makh ik may-raye-den naar an khara-zya/de stat?
Could you give me a lift to a phone box?	Mag ik meerijden naar een telefooncel?
	Makh ik may-raye-den naar an tay-la-foan-sell?

Could you give me a _____ lift to an emergency phone?	Mag ik meerijden naar een praatpaal? *Makh ik mayrayeden naar an praatpaal?*
Can we bring my _____ moped/bicycle?	Kan mijn bromfiets/fiets ook mee? *Kan mayen bromfeets/feets oak may?*
Could you tow me to _____ a garage?	Kunt u mij naar een garage slepen? *Kunt-oo maye naar an khara-zya slaypa?*
There's probably _____ something wrong with...(See 5.5 and 5.8).	Er is waarschijnlijk iets mis met... *Air is vaarskhayenlik eets mis met...*
Can you fix it? _____	Kunt u het repareren? *Kunt oo het repar-ayren?*
Could you fix my tyre? _____	Kunt u mijn band plakken? *Kunt-o mayen bant plakken?*
Could you change this_____ wheel?	Kunt u dit wiel verwisselen? *Kunt-oo dit weel fer-vis-elen?*
Can you fix it so it will_____ get me to...?	Kunt u het zo repareren, dat ik ermee naar...kan rijden? *Kunt-oo het zo repar-ayren, dat ik ermay naar...kan rayeden*
Which garage can _____ help me?	Welke garage kan me helpen? *Vel-ka khara-zya kan ma helpa?*
When will my car/bicycle _____ be ready?	Wanneer is mijn auto/fiets klaar? *Van-eer is mayen owtoe/feets klaar?*
Can I wait for it here?_____	Kan ik er hier op wachten? *Kan ik air heer op vachten?*
How much will it cost? _____	Hoeveel gaat het kosten? *Hoofayl khaat het kosten?*
Could you itemize _____ the bill?	Kunt u de rekening specificeren? *Kunt-oo de ray-ken-ing spess-if-is-sayren?*
Can I have a receipt for _____ the insurance?	Mag ik een kwitantie voor de verzekering? *Makh ik an kwit-ant-zee for de fer-zaykering?*

Ik heb geen onderdelen voor uw _____ wagen/fiets	I don't have parts for your car/bicycle
Ik moet de onderdelen ergens _____ anders gaan halen	I have to get the parts from somewhere else
Ik moet de onderdelen bestellen _____	I have to order the parts
Dat duurt een halve dag _____	That'll take half a day
Dat duurt een paar dagen _____	That'll take a few days
Dat duurt een week _____	That'll take a week
Uw auto is total loss _____	Your car is a write-off
Daar valt niets meer aan te doen_____	It can't be repaired
De auto/motor/brommer/fiets _____ is om...uur klaar	The car/motorbike/moped/bicycle will be ready at... o'clock

.8 The bicycle/moped

See the diagram on page 55.

● There is an excellent network of cycle paths for bicycles and mopeds which keep cyclists separated from other traffic. There are special traffic lights at junctions and crossings for cycles and mopeds. Special parking areas are set aside in towns and at railway stations for cycles.

The parts of a car
(the diagram shows the numbered parts)

1	battery	accu	*acc-oo*
2	rear light	achterlicht	*achter-likht*
3	rear view mirror	achteruitkijkspiegel	*achter-owt-kayek-speekhel*
4	radio aerial	autoradio-antenne	*owtoe rad-ee-oh an-ten-na*
5	petrol tank	benzinetank	*benzeena-tank*
6	spark plugs	bougies	*boozjees*
	fuel filter/pump	brandstoffilter/pomp	*brantstof-filter*
7	wing miror	buitenspiegel	*bowtenspeekhel*
8	bumper	bumper	*bumper*
	carburettor	carburateur	*karboo-rateur*
	crankcase	carter	*karter*
	cylinder	cilinder	*seelinder*
	breaker points	contactpunten	*kontaktpunten*
	warning light	controlelampje	*kontrola-lamp-ya*
	dynamo	dynamo	*deen-aa-mow*
	accelerator	gaspedaal	*khas-ped-aal*
	handbrake	handrem	*hant-rem*
	valve	klep	*klep*
9	silencer	knalpot	*knal-pot*
10	boot	kofferbak	*kofferbak*
11	headlight	koplamp	*koplamp*
	crankshaft	krukas	*kruck-as*
12	air filter	luchtfilter	*lukhtfilter*
	rear fog lamp	mistachterlamp	*mist-akhterlamp*
13	engine block	motorblok	*motorblok*
	camshaft	nokkenas	*nokkenass*
	oilfilter/pump	oliefilter/pomp	*oaliefilter/pomp*
	dipstick	oliepeilstok	*oaliepaylstok*
	pedal	pedaal	*ped-aal*
14	door	portier	*porteer*
15	radiator	radiateur	*rad-ee-at-eur*
16	brake disc	remschijf	*remskhayef*
	spare wheel	reservewiel	*reserva-weel*
17	indicator	richtingaanwijzer	*rikhting-aanvayezer*
18	windscreen wiper	ruitenwisser	*rowtenvisser*
19	shock absorbers	schokbrekers	*skhokbraykers*
	sunroof	schuifdak	*skhowfdak*
	spoiler	spoiler	*spoiler*
	starter motor	startmoter	*startmoter*
20	steering column	stuurhuis	*stoorhowse*
21	exhaust pipe	uitlaatpijp	*owtlaatpayep*
22	seat belt	veiligheidsgordel	*faylikh-hayts-khordel*
	fan	ventilator	*fenty-layt-or*
23	distributor cables	verdelerskabels	*ferdaylerskab-els*
24	gear lever	versnellingshandle	*fersnellingshendel*
25	windscreen	voorruit	*foar-rowt*
	water pump	waterpomp	*vaaterpomp*
26	wheel	wiel	*weel*
27	hubcap	wieldop	*weel-dop*
	piston	zuiger	*zowkher*

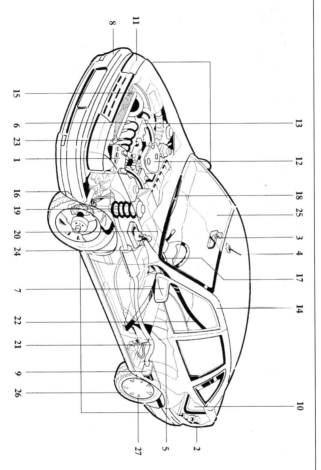

The parts of a bicycle
(the diagram shows the numbered parts)

1	rear lamp	achterlicht	*akhter-likht*
2	rear wheel	achterwiel	*akhter-weel*
3	(luggage) carrier	bagagedrager	*bakha-zya-drakher*
4	fork head	balhoofd	*bal-hoaft*
5	bell	bel	*bell*
	inner tube	binnenband	*binnenbant*
	tyre	buitenband	*bowtenbant*
6	crank	crank	*crank*
7	derailleur	derailleur	*de-rayl-eur*
	wire	draadje	*draad-ya*
	dynamo	dynamo	*dee-nam-oh*
	bicycle trailer	fietskar	*feets-kar*
	frame	frame	*fraym*
8	coat guard	jasbeschermer	*yasbeskhairmer*
9	chain	ketting	*kett-ing*
	chain guard	kettingkast	*kett-ing kast*
	chain lock	kettingslot	*kett-ing slot*
	milometer	kilometerteller	*keelo-mayter teller*
	child's seat	kinderzitje	*kinder-zit-ya*
10	headlamp	koplamp	*koplamp*
	bulb	lampje	*lamp-ya*
11	pedal	pedaal	*ped-aal*
12	pump	pomp	*pomp*
13	reflector	reflector	*re-flector*
14	break block/pad	remblokje	*remblok-ya*
15	brake cable	remkabel	*rem-ka-bel*
16	ring lock	ringslot	*ringslot*
17	carrier straps	snelbinders	*snelbinders*
	speedometer	snelheidsmeter	*snelhayetsmayter*
18	spoke	spaak	*spaak*
19	mudguard	spatbord	*spatbord*
20	handlebars	stuur	*stoo-er*
21	chain wheel	tandwiel	*tantweel*
	toe clip	toeclip	*toeclip*
22	crank axle	trapas	*trap-as*
	drum brake	trommelrem	*trommel-rem*
23	rim	velg	*velkh*
24	valve	ventiel	*fenteel*
	valve tube	ventielslangetje	*fenteel-slang-etya*
	gear cable	versnellingskabel	*fersnellings-kaab-el*
26	front fork	voorvork	*foar-vork*
27	front wheel	voorwiel	*foar-weel*
28	saddle	zadel	*zaad-el*

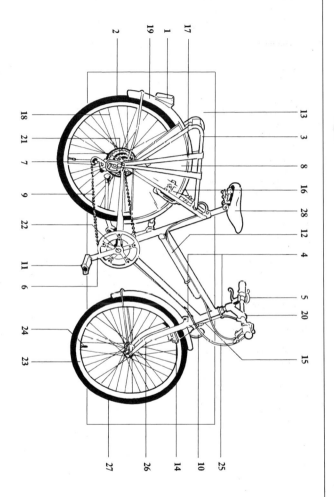

5 **.9 R**enting a vehicle

I'd like to rent a... _____	Ik wil graag een...huren
	Ik vil khraakh an...hooren
Do I need a (special) _____ licence for that?	Heb ik daarvoor een (bepaald) rijbewijs nodig?
	Hep ik daarfoar an (bepaald) rayebewayes noadikh?
I'd like to rent the...for... __	Ik wil graag de...huren voor...
	Ik vil khraakh de...hooren for...
I'd like to rent the... _____ for one day	Ik wil graag de...huren voor een dag
	Ik vil khraakh de...hooren foar ayn dakh
I'd like to rent the... _____ for two days	Ik wil graag de...huren voor twee dagen
	Ik vil khraakh de...hooren foar tway daakhen
How much is that _____ per day?	Wat kost dat per dag?
	Vhat kost dat per dakh?
How much is the_____ deposit?	Hoeveel is de borgsom?
	Hoofayl is the borkhsom?
Could I have a receipt _____ for the deposit?	Mag ik een bewijs dat ik de borgsom betaald heb?
	Makh ik an be-wayes dat ik de borkhsom betaald hep?
How much is the_____ surcharge per kilometre?	Hoeveel toeslag komt er per kilometer bij?
	Hoovayl too-slakh komt-er per keelo-mayter baye?
Does that include _____ petrol?	Is de benzine erbij inbegrepen?
	Is de benzeena airbaye inbekhraypen?
Does that include _____ insurance?	Is de verzekering erbij inbegrepen?
	Is de ferzaykering airbaye inbekhraypen?
What time can I pick _____ the...up tomorrow?	Hoe laat kan ik de...morgen ophalen?
	Hoo laat kan ik de...morkha ophala?
When does the...have _____ to be back?	Wanneer moet ik de...terugbrengen?
	Vaneer moot ik de...terukh-brengen?
Where's the petrol tank?__	Waar zit de tank?
	Vaar zit de tank?

5 **.10 H**itchhiking

Where are you heading? _	Waar gaat u naartoe?
	Vhaar khaat-oo naar-to
Can I come along? _____	Mag ik met u meerijden?
	Makh ik met-oo may-rayeden?
Can my (boy)friend/_____ (girl)friend come too?	Mag mijn vriend/vriendin ook mee?
	Makh mayen freend/freendin oak may?
I'm trying to get to... _____	Ik moet naar...
	Ik moot naar...
Is that on the way to...? __	Ligt dat op de weg naar...?
	Likht dat op de vekh naar...?
Could you drop _____ me off...?	Kunt u me...afzetten?
	Kunt-oo ma ... af-zetten?
Could you drop _____ me off here?	Kunt u me hier afzetten?
	Kunt-oo ma heer af-zetten?
Could you drop _____ me off at the...?	Kunt u me bijde...afzetten?
	Kunt-oo ma baye de...af-zetten?
Could you drop _____ me off in the town centre?	Kunt u me in het centrum afzetten?
	Kunt-oo ma in het sentrum af-zetten?

Could you drop me off at __ the next roundabout?	Kunt u me bij de volgende rotonde afzetten?
	Kunt-oo ma baye de folkhenda rotunda af-zetten?
Could you stop here, _____ please?	Wilt u hier stoppen alstublieft?
	Vilt-oo heer stoppa als-too-bleeft?
I'd like to get out here _____	Ik wil er hier uit
	Ik vil air heer owt
Thanks for the lift _____	Dank u wel voor de lift
	Dank oo vel for de lift

Public transport

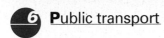

6.1 In general

Announcements

De trein uit...van tien uur veertig heeft een vertraging van vijftien minuten	The 10:40 train from...has been delayed by 15 minutes
Op spoor vijf komt thans binnen de trein van tien uur veertig naar...	The train now arriving at platform 5 is the 10:40 train to ...
De trein van tien uur veertig naar... staat nog gereed op spoor vijf	The 10:40 train to...is still waiting at platform 5
Reizigers in de richting... dienen in...over te stappen	Passengers for ... should change at ...
We naderen thans station...	We're now approaching...

Where does this train go to?	Waar gaat deze trein naartoe? *Vaar khaat day-ze trayen naar-too?*
Does this boat go to...?	Gaat deze boot naar...? *Khaat day-ze boat naar...?*
Can I take this bus to...?	Kan ik deze bus nemen om naar...te gaan? *Kan ik day-ze bus naymen om naar...te khaan?*
Does this train stop at...?	Stopt deze trein in...? *Stopt day-ze trayen in...?*
Is this seat taken/free /reserved?	Is deze plaats bezet/vrij/gereserveerd? *Is day-ze plaats be-zet/vraye/khe-rayservayrt?*
I've booked...	Ik heb...gereserveerd *Ik hep...khe-rayservayrt*
Could you tell me where I have to get off for... ?	Wilt u me zeggen waar ik moet uitstappen voor...? *Vilt-oo ma zekh-kha vaar ik moot owtstappen for...?*
Could you let me know when we get to...?	Wilt u me waarschuwen als we bij...zijn? *Vilt-oo ma vaar-skhoo-en als wa baye...zayen?*
Could you stop at the next stop, please?	Wilt u bij de volgende halte stoppen alstublieft? *Vilt-oo baye de fol-khenda halta stoppa als-too-bleeft?*
Where are we now?	Waar zijn we hier? *Vaar zayen wa heer?*
Do I have to get off here?	Moet ik er hier uit? *Moot ik air heer owt?*
Have we passed...?	Zijn we...al voorbij? *Zayen wa...al forbaye?*
How long have I been asleep?	Hoe lang heb ik geslapen? *Hoo lang hep ik kheslapen?*
How long does... stop here?	Hoe lang blijft...hier staan? *Hoo lang blayeft...heer staan?*
Can I come back on the same ticket?	Kan ik op dit kaartje ook weer terug? *Kan ik op dit kart-ya oak vayr terukh?*

Can I change on this_____ ticket?	Kan ik met dit kaartje overstappen?
	Kan ik met dit kaart-ya oafer-stappa?
How long is this ticket _____ valid for?	Hoe lang is dit kaartje geldig?
	Hoo lang is dit kaart-ya kheldikh?

 .2 Questions to passengers

Ticket types

Eerste klas of tweede klas? _____	First or second class?
Enkele reis of retour?_____	Single or return?
Roken of niet roken? _____	Smoking or non-smoking?
Aan het raam of aan het gangpad? _____	Window or aisle?
Voorin of achterin?_____	Front or back?
Zitplaats of couchette? _____	Seat or berth?
Boven, midden of onder?_____	Top, middle or bottom?
Toeristenklasse of business class?_____	Tourist class or business class?
Hut of stoel?_____	Cabin or seat?
Eenpersoons of tweepersoons? _____	Single or double?
Met hoeveel personen reist u? _____	How many are travelling?

Destination

Waar gaat u naartoe? _____	Where are you travelling?
Wanneer vertrekt u? _____	When are you leaving?
Uw...vertrekt om... _____	Your...leaves at...
U moet overstappen _____	You have to change
U moet uitstappen in... _____	You have to get off at...
U moet via...reizen _____	You must travel via...
De heenreis is op _____	The outward journey is on...
De terugreis is op... _____	The return journey is on...
U moet uiterlijk...aan boord zijn_____	You have to be on board by...

Inside the train, coach, ship

Uw plaatsbewijs alstublieft _____	Your ticket, please
Uw reservering alstublieft _____	Your reservation, please
Uw paspoort alstublieft _____	Your passport, please
U zit in de verkeerde... _____	You're on/in the wrong...
U zit op de verkeerde plaats _____	You're in the wrong seat
Deze plaats is gereserveerd_____	This seat is reserved
U moet toeslag betalen _____	You have to pay a surcharge
De...heeft een vertraging van...minuten__	The...has been delayed by...minutes

Public transport

6

.3 Tickets

Where can I...?	Waar kan ik...?
	Vaar kan ik...?
Where can I buy a ticket?	Waar kan ik een kaartje kopen?
	Vaar kan ik an kaart-ya koapen?
Where can I make a reservation?	Waar kan ik een plaats reserveren?
	Vaar kan ik an plaats rayservayren?
Where can I book a flight?	Waar kan ik een vlucht boeken?
	Vaar kan ik an flukht booken?
...to..., please?	Mag ik van...naar...?
	Makh ik fan...naar...
A single to..., please	Mag ik een enkele reis naar...?
	Makh ik an enk-el-le rayes naar...
A return to..., please	Mag ik een retour naar...?
	Makh ik an retour naar...?
first class	eerste klasse
	eer-sta klasse
second class	tweede klasse
	tway-de klasse
tourist class	toeristenklasse
	toeristenklasse
business class	business class
	business class
I'd like to book a seat/berth/cabin	Ik wil een zitplaats/couchette/hut reserveren
	Ik vil an zit-plaats/coo-shet/hu-t ray-serv-ayren
I'd like to book a berth in the sleeping car	Ik wil een plaats in de slaapwagen reserveren
	Ik vil an plaats in de slaapvaakhen rayserv-ayren
top/middle/bottom	boven/midden/onder
	boafen/midden/ond-er
smoking/no smoking	roken/niet roken
	roaken/neet roaken
by the window	aan het raam
	aan het raam
single/double	eenpersoons/tweepersoons
	aynper-soans/twayper-soans
at the front/back	voorin/acherin
	foar-in/acherin
There are...of us	We zijn met...personen
	Wa zayen met...persoanen
one car	een auto
	ayn owtoe
one caravan	een caravan
	ayn ker-a-fan
...bicycles	...fietsen
	...feetsa
Do you have a...?	Heeft u ook een...?
	Hayft-oo oak an...?
Do you have season tickets?	Heeft u ook een meerrittenkaart?
	Hayft-oo oak an meer-ritten-kaart?
Do you have weekly tickets?	Heeft u ook een weekabonnement?
	Hayft-oo oak an wayk-abon-ament?

Public transport

Do you have monthly _____ season tickets?	Heeft u ook een maandabonnement? *Hayft-oo oak an maand-anbon-ament?*

6.4 Information

Where's...? _____	Waar is...? *Vaar is...?*
Where's the information desk?	Waar is het inlichtingenbureau? *Vaar is het inlikhtingenboo-row?*
Where can I find a _____ departures/arrivals timetable?	Waar is een overzicht van de vertrektijden/aankomsttijden *Vaar is an oaferzikht fan de fertrektayeden/aankomst-tayeden?*
Where's the...desk? _____	Waar is de balie van...? *Vaar is de bal-ee fan?*
Do you have a city map _____ with the bus/tram/ underground routes on it?	Heeft u een plattegrond van de stad met het bus-/tram-/metro-net? *Hayft-oo an platta-khront fan de stat met het bu-s-/trem-/may-troh-net?*
Do you have a _____ timetable?	Heeft u een dienstregeling? *Hayft-oo an dienst-ray-khaling?*
I'd like to confirm/ _____ cancel/change my booking for/trip to...	Ik wil mijn reservering/reis naar...bevestigen/annuleren/wijzigen *Ik vil mayn rayserv-ayring/rayes naar... be-festikhen/annooleeren/wayezikhen*
Will I get my money _____ back?	Krijg ik mijn geld terug? *Krayekh ik mayen khelt terukh?*
I want to go to... _____ What's the quickest way there?	Ik moet naar...Hoe reis ik daar (het snelst) naar toe? *Ik moot naar...Hoo rayes ik daar (het snelst) naar-too?*
How much is a _____ single/return to...?	Hoeveel kost een enkele reis/retour naar...? *Hoofayl kost an en-kel-le rayes/retoor naar...?*
Do I have to pay a _____ surcharge?	Moet ik toeslag betalen? *Moot ik too-slakh be-taalen?*
Can I interrupt my _____ journey with this ticket?	Mag ik de reis met dit ticket onderbreken? *Makh ik de rayes met dit ticket onderbrayken?*
How much luggage _____ am I allowed?	Hoeveel bagage mag ik meenemen? *Hoofayl bakha-zya makh ik may-naymen?*
Does this...travel direct? _____	Gaat deze...rechtstreeks? *Khaat dayze...rekhtstrayks?*
Do I have to change? _____ Where?	Moet ik overstappen? Waar? *Moot ik oaferstappa? Vaar?*
Will there be any _____ stopovers? (by air)	Maakt het vliegtuig tussenlandingen? *Maakt het fleekhtowkh tussen-landingen?*
Does the boat call in at _____ any ports on the way?	Doet de boot onderweg havens aan? *Doot de boat on-der-vhekh haafens an?*
Does the train/ _____ bus stop at...?	Stopt de trein/bus in...? *Stopt de trayen/bus in...?*
Where should I get off? _____	Waar moet ik uitstappen? *Vaar moot ik owtstappa?*
Is there a connection _____ to...?	Is er een aansluiting naar...? *Is air an ansl-owa-ting naar?*
How long do I have to _____ wait?	Hoe lang moet ik wachten? *Hoo lang moot ik wakhten?*

When does...leave? _____	Wanneer vertrekt...?
	Vaneer fertrekt...?
What time does the _____ first/next/last bus/tram/train leave?	Hoe laat gaat de eerste/volgende/ laatste bus/tram/trein?
	Hoo laat khaat de eersta/folkhenda/ laat-ste bu-s/trem/trayen?
What time does the _____ first/next/last flight leave?	Hoe laat gaat de eerste/volgende/ laatste vlucht?
	Hoo laat khaat de eerst/folkhenda/ laat-ste flukht?
How long does...take? _____	Hoe lang doet...erover?
	Hoo lang doot...air-oafer?
What time does...arrive _____ in...?	Hoe laat komt...aan in...?
	Hoo laat komt...aan in...?
Where does the _____ bus/tram/train to... leave from?	Waar vertrekt de bus/tram/trein naar...?
	Vaar fertrekt de bu-s/trem/trayen naar...?
Where does the _____ flight to...leave from?	Waar vertrekt de vlucht naar...?
	Vaar fertrekt de flukht naar...?

.5 Aeroplanes

● **Airports in** The Netherlands and Belgium have signs to separate *aankomst* (arrivals) and *vertrek* (departure) areas and entrances.

aankomst	internationaal
arrivals	international
vertrek	binnenlandse
departures	vluchten
	domestic flights

.6 Trains

● **The Dutch** rail network provides an efficient means of getting around between centres in the country with frequent trains to many destinations. There are fast Inter-City trains to the more important towns and cities and also international trains that connect with the entire European rail network. Amsterdam airport (Schiphol) is served by rail with connections throughout the country.

.7 Taxis

● **Taxis serve the airports and stations** and can also be found on stands in town centres. Taxis cannot be hailed on the street but if you wish to book one by telephone they can be found under Taxi in the *Gouden Gids* (Yellow Pages).

bezet	taxistandplaats	vrij
taken	taxi stand	for hire

Could you get me a taxi, ___ please?	Kunt u een taxi voor me bellen?
	Kunt-oo an taksee for ma bella?

Where can I find a taxi_____ around here?

Waar kan ik hier in de buurt een taxi nemen?
Vaar kan ik heer in de boort an taksee naymen?

Could you take me to..., _____ please?

Brengt u me naar...alstublieft
Brengt-oo ma naar...als-too-bleeft

Could you take me to_____ this address, please?

Brengt u me naar dit adres alstublieft
Brengt-oo ma naar dit address als-too-bleeft

The...hotel, please_____

Brengt u me naar hotel...
Brengt-oo ma naar hoatel...

The town/city centre_____ please

Brengt u me naar het centrum
Brengt-oo ma naar het sentrum

The station, please _____

Brengt u me naar het station
Brengt-oo ma naar het sta-syon

The airport, please _____

Brengt u me naar het vliegveld
Brengt-oo ma naar het fleekhfelt

How much is the _____ trip to...?

Hoeveel kost een rit naar...?
Hoofayl kost an rit naar...?

How far is it to...? _____

Hoever is het naar...?
Hoo-fer is het naar...?

Could you turn on the _____ meter, please?

Wilt u de meter aanzetten alstublieft?
Vilt-oo de mayter anzetten als-too-bleeft?

I'm in a hurry _____

Ik heb haast
Ik hep haast

Could you speed up/slow _____ down a little?

Kunt u iets harder/langzamer rijden?
Kunt-oo eets harder/langzaamer rayeden?

Could you take a _____ different route?

Kunt u een andere weg nemen?
Kunt-oo an and-er-a vekh naymen?

I'd like to get out here,_____ please

Laat u me er hier maar uit
Laat-oo ma air heer maar owt

You have to go...here _____

U moet hier...
Oo moot heer...

You have to go straight _____ on here

U moet hier rechtdoor
Oo moot heer rekhtdoar

You have to go left _____ here

U moet hier linksaf
Oo moot heer links-af

You have go turn right_____ here

U moet hier rechtsaf
Oo moot heer rekhts-af

This is it _____

Hier is het
Heer is het

Could you wait a few _____ minutes for me?

Kunt u een ogenblikje op mij wachten?
Kunt-oo an oakhenblik-ya op maye vakhta?

Overnight accommodation

7.1 In General

● There is a variety of overnight accommodation in The Netherlands ranging from small *pensions* or bed & breakfast establishments and small family run hotels to the large international chains. Budget priced B&B can be booked via the local VVV Tourist Information Bureau. Most establishments, except the more expensive hotels, include breakfast with the room charge. Camping is only permitted in The Netherlands in a recognised camp site. An International Camping Carnet is not mandatory but helpful. Camp sites are usually seasonally operated.

Hoe lang wilt u blijven? _____	How long will you be staying?
Wilt u dit formulier invullen, alstublieft __	Fill in this form, please
Mag ik uw paspoort?_____	Could I see your passport?
U moet een borgsom betalen_____	I'll need a deposit
U moet vooruit betalen_____	You'll have to pay in advance

My name's...I've made a reservation over the phone/by mail	Mijn naam is...Ik heb telefonisch/schriftelijk een plaats gereserveerd *Mayen naam is...Ik hep taylafoanisch/skhriftelik an plaats khe-reserv-ayrt*
How much is it per night/week/month?	Wat kost het per nacht/week/maand? *Vat kost her per nakht/wayk/maand?*
We'll be staying at least...nights/weeks	We blijven minstens...nachten/weken *Wa blayefen mins-tens...nakhten/wayken*
We don't know yet	We weten het nog niet precies *We wayten het nokh neet pre-sees*
Do you allow pets (dogs/cats)?	Zijn huisdieren (honden/katten) toegestaan? *Zayen howsedeeren (honden/katten) too-khe-staan?*
What time does the gate/door open/close?	Hoe laat gaat de poort/deur open/dicht? *Hoo laat khaat de poort/door opa/dicht?*
Could you get me a taxi, please?	Wilt u een taxi voor me bellen? *Vilt-oo an taksee for ma bellen?*
Is there any mail for me?	Is er post voor mij? *Is air posst for maye?*

See the diagram on page 69.

U mag zelf uw plaats uitzoeken _____	You can pick your own site
U krijgt een plaats toegewezen _____	You'll be allocated a site
Dit is uw plaatsnummer _____	This is your site number
Wilt u dit op uw auto plakken? _____	Stick this on your car, please
U mag dit kaartje niet verliezen _____	Please don't lose this card

---

Where's the manager? _____	Waar is de beheerder?
	Vaar is de be-hayrder?
Are we allowed to ____ camp here?	Mogen we hier kamperen?
	Moakha wa heer kamp-ayra?
There are...of us and _____ ...tents	We zijn met...personen en... tenten
	Wa zayen met...persoanen en...tent-en
Can we pick our _____ own site?	Mogen we zelf een plaats uitzoeken?
	Moakha wa zelf an plaats owt-zooken?
Do you have a quiet _____ spot for us?	Heeft u een rustig plekje voor ons?
	Hayft-oo an rus-tikh plek-ya for ons?
Do you have any other ____ sites available?	Heeft u geen andere plaats vrij?
	Hayft-oo khayn an-de-ra plaats fraye?
It's too windy/sunny/ _____ shady here.	Er is hier te veel wind/zon/schaduw
	Air is heer te fayl vint/zon/skhadoow
It's too crowded here _____	Het is hier te druk
	Het is heer te druk
The ground's too _____ hard/uneven	De grond is te hard/ongelijk
	De khront is te hart/on-khe-layk
Do you have a level _____ spot for the motor caravan/caravan/folding caravan?	Heeft u een horizontale plek voor de camper/caravan/vouwwagen?
	Hayft-oo an horizontal-a plek for de kemper/ker-a-fan/fow-vaakhen?
Could we have _____ adjoining sites?	Kunnen we bij elkaar staan?
	Kunnen wa baye el-kaar staan?
Can we park the car _____ next to the tent?	Mag de auto bij de tent geparkeerd worden?
	Makh de owtoe baye de tent khe-park-eert vorden?
How much is it per _____ person/tent/caravan/car?	Wat kost het per persoon/tent/ caravan/auto?
	Vaat kost het per persoan/tent/ ker-a-fan/owtoe?
Do you have bungalows __ for hire?	Heeft u een hut te huur?
	Hayft-oo an hu-t te huur?
Are there any...? _____	Zijn er...?
	Zayen-air...?
Are there any _____ hot showers?	Zijn er douches met warm water?
	Zayen-air dooshes met var-em vaater?
Are there any _____ washing machines?	Zijn er wasmachines?
	Zayen air was-masheenes?
Is there a...on the site? _____	Is er op het terrein een...?
	Is air op het ter-rain an...?

Camping equipment
(the diagram shows the numbered parts)

luggage space	bagagepunt	*bakhazya punt*
can opener	blikopener	*blik-oapener*
butane gas bottle	butagasfles	*boota-khas-fless*
1 pannier	fietstas	*feets-tas*
2 gas cooker	gasstel	*khas-stel*
3 groundsheet	grondzeil	*khront-zayel*
mallet	hamer	*haamer*
hammock	hangmat	*hang-mat*
4 jerry can	jerrycan	*yerri-can*
camp fire	kampvuur	*kamp-foor*
5 folding chair	klapstoel	*klap-stool*
6 cool box	koelbox	*kool box*
ice pack	koelelement	*kool-ay-la-ment*
compass	kompas	*kom-pas*
mantle	kousje	*kows-ya*
corkscrew	kurkentrekker	*kurken-trekker*
7 airbed	luchtbed	*lukhtbed*
8 airbed bung	luchtbedstopje	*lukhtbed stop-ya*
pump	luchtpomp	*lukhtpomp*
9 awning	luifel	*l-owa-fel*
10 bedroll mat	matje	*mat-ya*
11 pan	pan	*pan*
12 pan handle	pannengreep	*pan-nen-khrayp*
primus stove	primus	*pree-mus*
zip	rits	*ritz*
13 rucksack	rugzak	*rukhzak*
14 guy rope	scheerlijn	*skhee-er-layen*
sleeping bag	slaapzak	*slaapzak*
15 storm lantern	stormlamp	*storm-lamp*
camp bed	stretcher	*stretcher*
table	tafel	*ta-fel*
16 tent	tent	*tent*
17 tent peg	tentharing	*tent-haa-ring*
18 tent pole	tentstok	*tent-stock*
vacuum flask	thermosfles	*tair-mos-fless*
19 water bottle	veldfles	*felt-fless*
clothes peg	wasknijper	*was-ka-nayeper*
clothes line	waslijn	*was-layen*
windbreak	windscherm	*vint-skhairm*
20 torch	zaklantaarn	*zak-lan-taarn*
pocket knife	zakmes	*zak-mess*

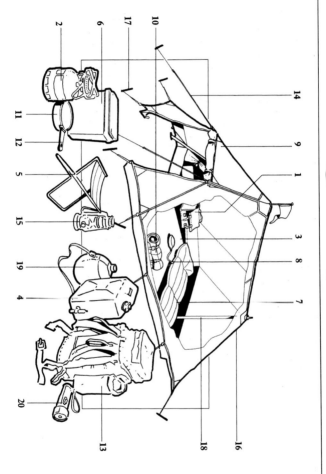

Is there a children's _____ play area on the site?	Is er op het terrein een kinderspeeltuin?
	Is air op het ter-rain an kinder-spayl-too-en?
Are there covered _____ cooking facilities on the site?	Is er op het terrein overdekte kookgelegenheid?
	Is air op het ter-rain oaferdekta koak-khelaykhen-hayet?
Can I rent a safe here? _____	Kan ik een kluis huren?
	Kan ik an klowse hoo-ren?
Are we allowed to _____ barbecue here?	Mogen we hier barbecueën?
	Moakha wa heer barbekyew-en?
Are there any power_____ points?	Zijn er elektriciteitsaansluitingen?
	Zayen er elek-triss-it-tayets-anslowt-ingen?
Is there drinking water? _____	Is er drinkwater?
	Is air drinkvaater?
When's the rubbish_____ collected?	Wanneer wordt het afval opgehaald?
	Vaneer wort het af-fal op-khe-haalt?
Do you sell gas bottles ____ (butane gas/propane gas)?	Verkoopt u gasflessen (butagas/propaangas)?
	Fairkoapt-oo khasflessen (boota-khas/propaan-khas)?

🅐 .3 Hotel/B&B/apartment/holiday house

Do you have a _____ single/double room available?	Heeft u een eenpersoons/tweepersoons-kamer vrij?
	Hayft-oo an ayn-persoans/tway-persoans kamer fraye?
per person/per room _____	per persoon/per kamer
	per persoan/per kaamer
Does that include _____ breakfast/lunch/dinner?	Is dat inklusief ontbijt/lunch/diner?
	Is dat in-kloos-eef ont-bayet/lunch/deen-ay?
Could we have two_____ adjoining rooms?	Kunnen wij twee kamers naast elkaar hebben?
	Kun-en waye tway kaamers naast el-kaar hebben?
with/without _____ private facilities (toilet/bath/shower)	met/zonder eigen toilet/bad/douche
	met/zonder aye-khen twa-let/bad/doosh
(not) facing the street_____	(niet) aan de straatkant
	(neet) aan de straatkant
with/without a view _____ of the sea	met/zonder uitzicht op zee
	met/zond-er owt-zikht op zay
Is there...in the hotel?_____	Is er in het hotel...?
	Is er in het hoatel...?
Is there a lift in the _____ hotel?	Is er in het hotel een lift?
	Is er in het hoatel an lift?
Do you have room _____ service?	Is er in het hotel roomservice?
	Is er in het hoatel room service?
Could I see the room? _____	Mag ik de kamer zien?
	Makh ik de kamer zien?
I'll take this room_____	Ik neem deze kamer
	Ik naym day-ze kamer
We don't like this one _____	Deze bevalt ons niet
	Day-ze be-falt ons neet
Do you have a larger/_____ less expensive room?	Heeft u een grotere/goedkopere kamer?
	Hayft oo an khroater-a/khood-koapera kamer?

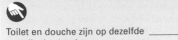

Toilet en douche zijn op dezelfde _____ verdieping/uw kamer	You can find the toilet and shower on the same floor/Your room has private facilities
Deze kant op _____	This way
Uw kamer is op de...etage, _____ het nummer is...	Your room is on the...floor, number...

Could you put in a cot? ____ Kunt u een kinderbedje bijplaatsen?
Kunt-oo an kinder-bet-ya baye-plaatsen?

What time's breakfast? ____ Hoe laat is het ontbijt?
Hoo laat is het ont-bayet?

Where's the dining _____ Waar is de eetzaal?
room? *Vaar is de ayt-zaal?*

Can I have breakfast_____ Kan ik het ontbijt op de kamer krijgen?
in my room? *Kan ik het ont-bayet op de kamer kraye-kha?*

Where's the emergency____ Waar is de nooduitgang/brandtrap?
exit/fire escape? *Vaar is de nood-owt-khang/brant-trap?*

Where can I park my _____ Waar kan ik mijn auto (veilig) parkeren?
car (safely)? *Vaar kan ik mayen owtoe (faylikh) par-kayren?*

The key to room..., _____ De sleutel van kamer ...alstublieft
please *De sl-eu-tel fan kamer...als-too-bleeft*

Could you put this in _____ Mag ik dit in uw kluis leggen?
the safe, please? *Makh ik dit in oow klowse lekh-kha?*

Could you wake me ____ Wilt u mij morgen om...uur wekken?
at...tomorrow? *Vilt-oo maye morkha om...oor wokken?*

Could you find a _____ Kunt u mij aan een baby-oppas helpen?
babysitter for me? *Kunt-oo maye aan an baby-op-pas helpa?*

Could I have an extra_____ Mag ik een extra deken?
blanket? *Makh ik an extra dayken?*

What days do the _____ Op welke dagen wordt er schoongemaakt?
cleaners come in? *Op wel-ka dakhen wort-er skhoan-khemaakt?*

When do the sheets/_____ Wanneer worden de lakens/handdoeken/
towels/tea towels get theedoeken verschoond?
changed? *Van-eer worden de la-kens/hant-dooken/tay-dook on fer-skhoant?*

 .4 Complaints

We can't sleep for the _____ Wij kunnen niet slapen door het lawaai
noise *Way kun-nen neet slap-en daor het la-waaye*

Could you turn the _____ Kan de radio iets zachter?
radio down, please? *Kan de rad-ee-oh eets zakht-er?*

We're out of toilet paper ___ Het toiletpapier is op
Het twa-let pap-eer is op

There aren't any.../ _____ Er zijn geen.../niet genoeg...
there's not enough... *Air zayen khayn.../neet khenookh...*

The bed linen's dirty_____ Het beddengoed is vuil
Het bedden-khood is fowl

The room hasn't been _____ De kamer is niet schoongemaakt
cleaned *De kamer is neet skhoan-khemaakt*

71

The kitchen is not clean	De keuken is niet schoon
	De keu-ka is neet skhoan
The kitchen utensils are dirty	De keukenspullen zijn vies
	De keu-ken-spul-len zayen feese
The heating doesn't work	De verwarming doet het niet
	De fer-varm-ing dopt het neet
There's no (hot) water/electricity	Er is geen (warm) water/elektriciteit
	Air is khayn (var-em) vaat-er/ay-lek-triss-it-tayet
...is broken	...is kapot
	...is kapot
Could you have that seen to?	Kunt u dat in orde laten brengen?
	Kunt-oo dat in orda laten breng-en?
Could I have another room/site?	Mag ik een andere kamer/plaats voor de tent?
	Makh ik an ande-ra kamer/plaats for de tent?
The bed creaks terribly	Het bed kraakt ontzettend
	Het bet kraakt ont-set-end
The bed sags	Het bed zakt te veel door
	Het bet zakt te fayl doar
Do you have a board to put under the mattress?	Heeft u een plank voor onder de matras?
	Hayft-oo an plank foar ond-er de mat-ras?
It's too noisy	Er is te veel lawaai
	Air is te fayl la-waaye
There are bugs/insects in our room	We hebben last van ongedierte/insecten
	Wa heb-ba last fan on-khe-deer-te/insect-en
This place is full of gnats	Het stikt hier van de muggen
	Het stikt heer fan de mukh-khen
This place is full of cockroaches	Het stikt hier van de kakkerlakken
	Het stikt heer fan de kak-ker-lak-a
This place is full of the British/Germans/French	Het stikt hier van de Britten/Duitsers/Fransen
	Het stikt heer fan Brit-ta/Dowts-ers/Fran-sa

7 .5 **D**eparture

See also 8.2 Settling the bill

I'm leaving tomorrow. Could I settle my bill, please?	Ik vertrek morgen. Kan ik nu afrekenen?
	Ik fer-trek morkha. Kan ik noo af-ray-ken-a?
What time should we vacate?	Hoe laat moeten we van...af?
	Hoo laat mooten wa fan...af?
Could I have my deposit/passport back, please?	Mag ik mijn borgsom/paspoort terug?
	Makh ik mayen borkh-som/passport terukh?
We're in a terrible hurry	We hebben erge haast
	Wa hebben er-kha haast
Could you forward my mail to this address?	Kunt u mijn post doorsturen naar dit adres?
	Kunt-oo mayen posst doar-stooren naar dit address?
Could we leave our luggage here until we leave?	Mogen onze koffers hier blijven staan totdat we vertrekken?
	Moakhen onse koffers heer blayefen staan tot-dat wa fertrekken?
Thanks for your hospitality	Bedankt voor uw gastvrijheid
	Be-dankt for oow khast-fraye-hayet

Money matters

Money matters

8 **.1** **B**anks

● **Banks** are open from Monday to Friday 9 to 5 but for those with Eurocheque cards and credit cards there is a network of cash dispensers available 24 hours each day. At major railway stations and in the major cities there are also bureaux de change (*wisselkantoor*) where traveller's cheques and Eurocheques can be cashed. You will need your passport as proof of identity and also the Eurocheque card if cashing Eurocheques.

Where can I find a_____ bank/exchange office around here?	Waar is hier ergens een bank/een wisselkantoor? *Vaar is hier er-khens an bank/vissel-kantoor?*
Where can I change this ___ traveller's cheque?	Waar kan ik deze reischeque inwisselen? *Vaar kan ik day-ze rayes-sheck in-vissela?*
Can I cash this...here? _____	Kan ik hier deze...inwisselen? *Kan ik heer day-ze...invissela?*
Can I withdraw money_____ on my credit card here?	Kan ik hier met een creditcard geld opnemen? *Kan ik heer met an creditcard khelt op-naymen?*
What's the minimum/_____ maximum amount?	Wat is het minimum/maximum bedrag? *Vat is het minimum/maximum bedrakh?*
Can I take out less_____ than that?	Mag ik ook minder opnemen? *Makh ik oak minder op-naymen?*
I've had some money_____ transferred here. Has it arrived yet?	Ik heb telegrafisch geld laten overmaken. Is dat al binnen? *Ik hep tay-la-khrafisch khelt lata oafer-maken. Is dat al binnen?*
These are the details _____ of my bank in the United Kingdom/Ireland	Dit zijn de gegevens van mijn bank in het Verenigd Koningkrijk/Ierland *Dit zayen de khe-khayfens fan mayen bank in het Fer-ayn-igd Koaningk-rayek/Eerlant*
This is my bank _____ account number	Dit is mijn banknummer *Dit is mayen bank-nummer*
I'd like to change_____ some money	Ik wil graag geld wisselen *Ik vil khraakh khelt vissela*
Pounds Sterling into... _____	Engelse ponden tegen... *Eng-elsa ponden taykhen...*
Dutch guilders into... _____	Guldens tegen... *khuldens taykhen*
Could you give me _____ some small change with it?	Kunt u me ook wat kleingeld geven? *Kunt-oo ma oak vat klayenkhelt khayfa?*
This is not right _____	Dit klopt niet *Dit klopt neet*

U moet hier tekenen _____	Sign here, please
U moet dit invullen _____	Fill this in, please
Mag ik uw paspoort zien? _____	Could I see your passport?
Mag ik uw identiteitsbewijs zien? _____	Could I see some identification, please?
Mag ik uw bankpas zien? _____	Could I see your bank card, please?

.2 Settling the bill

Could you put it on _____ my bill?	Kunt u het op mijn rekening zetten? *Kunt-oo het op mayen ray-ken-ing zetten?*
Does this amount __ ____ include service?	Is de bediening (bij dit bedrag) inbegrepen? *Is de be-deening (baye dit be-drakh) in-be-khraypen?*
Can I pay by...? _____	Kan ik met...betalen? *Kan ik met...betalen?*
Do you take credit cards? __	Kan ik met een creditcard betalen? *Kan ik met an creditcart betalen?*
Can I pay by traveller's ____ cheque?	Kan ik met een reischeque betalen? *Kan ik met an rayes-sheck betalen?*
Can I pay with foreign _____ currency?	Kan ik met vreemde valuta betalen? *Kan ik met fraym-de valoota betalen?*
You've given me too _____ much/you haven't given me enough change	U heeft me te veel/weinig gegeven *Oo hayft ma te fayl/vayenikh khekhayfen*
Could you check this _____ again, please?	Wilt u nog eens na-rekenen? *Vilt-too noch ayns na-ray-kena?*
Could I have a receipt/____ the till slip, please?	Kunt u me een kwitantie/de kassabon geven? *Kunt-oo ma an kwit-ant-see/de kassa-bon khayfen?*
I don't have enough _____ money on me	Ik heb nog niet genoeg geld bij me *Ik hep nokh neet khenookh khelt baye ma*

We nemen geen creditcards/reischeques/ vreemde valuta aan _____	We don't accept credit cards/traveller's cheques/ foreign currency

This is for you _____	Alstublieft, dit is voor u *Als-too-bleeft, dit is foar oo*
Keep the change _____	Houdt u het wisselgeld maar *Howt-oo het vissel-khelt maar*

Post and telephone

Post and telephone

9.1 **P**ost

For giros, see 8 Money matters

● **Most post offices** are open during office hours from Monday to Friday and in addition to postal matters also act as Giro banks. Stamps (*postzegels*) can also be purchased with postcards (*briefkaarten*) from shops selling these.

pakjes	postzegels
parcels	**postage stamps**
postwissels	telegrammen
money orders	telegrams

Where's...? _____	Waar is...?
	Vaar is...?
Could you tell me _____ where I can find a post office around here?	Waar is hier ergens een postkantoor? *Vaar is heer erkhens an posst-kant-or?*
Could you tell me _____ where the main post office is?	Waar is het hoofd postkantoor? *Vaar is het hoaft posst-kantor?*
Could you tell me _____ where I can find a post box around here?	Waar is hier ergens een brievenbus? *Vaar is hier erkhens an breefenbus?*
Which counter should _____ I go to for...?	Welk loket moet ik hebben voor...? *Wel-ek lok-et moot ik hebben for...?*
Which counter should _____ I go to to send a fax?	Welk loket moet ik hebben voor faxen? *Wel-ek lok-et moot ik hebben for fax-en?*
Which counter should _____ I go to to change money?	Welk loket moet ik hebben voor geld wisselen? *Wel-ek lok-et moot ik hebben for khelt vissela?*
Which counter should _____ I go to to change Giro cheques?	Welk loket moet ik hebben voor girocheques? *Wel-ek lok-et moot ik hebben for kheeroshecks?*
Which counter should _____ I go to for a Telegraphic Money Order?	Welk loket moet ik hebben voor telegrafische giro-overmaking? *Welk-lok-et moot ik hebben for tay-la-khrafeesa kheero-oafer-maaking?*
Poste restante_____	Poste restante *possta restante*
Is there any mail _____ for me? My name's...	Is er post voor mij? Mijn naam is... *Is air posst for maye? Mayen naam is...*

Postage stamps

What's the postage_____ for a...to...?	Hoeveel moet er op een...naar...? *Hoofayl moot er op an...naar...?*
Are there enough _____ stamps on?	Zitten er genoeg postzegels op? *Zitten air khenookh posstzaykhels op?*

I'd like...stamps of... _____	Ik wil graag...postzegels van...
	Ik vil khraakh...posstzaykhels fan...
I'd like to send this... _____	Ik wil dit...versturen
	Ik vil dit...ferstooren
I'd like to send this express	Ik wil dit per expresse versturen
	Ik vil dit per expresse ferstooren
I'd like to send this by air mail	Ik wil dit per luchtpost versturen
	Ik vil dit per lukhtposst ferstooren
I'd like to send this by registered mail	Ik wil dit aangetekend versturen
	Ik vil dit aan-khe-tay-kent ferstooren

Telegram/Fax

I'd like to send a telegram to...	Ik wil graag een telegram versturen naar...
	Ik vil khraakh an tay-la-khram ferstooren naar
How much is that per word?	Hoeveel kost het per woord?
	Hoofayl kost het per woard?
This is the text I want to send	Dit is de tekst die ik wil versturen
	Dit is de tekst dee ik vil ferstooren
Shall I fill out the form myself?	Zal ik het formulier zelf invullen?
	Zal ik het form-oo-leer zelf in-fullen?
Do you have a photocopier/fax machine here?	Kan ik hier fotokopiëren/faxen?
	Kan ik heer photokopee-ayren/fax-en?
How much is it per page?	Hoeveel kost het per pagina?
	Hoofayl kost het per pakheena?

9 .2 Telephone

See also 1.8 Telephone alphabet

● **The majority of public pay phones** in The Netherlands are now operated by telephone cards which can be purchased from post offices and certain other outlets. These phones also accept payment by credit card but there is a minimum charge per call. Some pay phones still accept coins but these are being phased out. Instructions for using Dutch telephones are also given in English. Most bars and restaurants have pay phones for the use of customers.

Is there a phone box around here?	Is hier ergens een telefooncel in de buurt?
	Is heer er-khens an tay-la-foan-sell in de boo-ert?
Could I use your phone, please?	Mag ik van uw telefoon gebruik maken?
	Makh ik fan oow tay-la-foan khebrowk maken?
Do you have a phone directory for...(town)/...(district)?	Heeft u een telefoongids van de stad.../de streek...?
	Hayft-oo an tay-la-foan-khids fan de stat.../de strayk...?
Where can I get a phone card?	Waar kan ik een telefoonkaart kopen?
	Vaar kan ik an tay-la-foan-kaart kopen?
Could you give me the...? __	Kunt u me helpen aan het...?
	Kunt-oo ma helpen aan het...?

Could you give me the ____ number for international directory enquiries?	Kunt u me helpen aan het nummer van informatie buitenland?
	Kunt-oo ma helpa aan het nummer fan informat-see bowtenlant?
Could you give me the ____ number of room...?	Kunt u me helpen aan het nummer van kamer...?
	Kunt-oo ma helpen aan het nummer fan kaam-er...?
Could you give me the ____ international access code?	Kunt u me helpen aan het internationale nummer?
	Kun-oo ma helpen aan het inter-nashon-ala nummer?
Could you give me the ____ country code for...?	Kunt u me helpen aan het landnummer van...?
	Kunt-oo ma helpen aan het lant-nummer fan...?
Could you give me the ____ trunk dialling code for...?	Kunt u me helpen aan het kengetal van...?
	Kunt-oo ma helpen aan het ken-khe-tal fan...?
Could you give me the ____ number of...?	Kunt u me helpen aan het abonneenummer van...?
	Kunt-oo ma helpen aan het abon-ay-nummer fan...?
Could you check if this ____ number's correct?	Kunt u nagaan of dit nummer correct is?
	Kunt-oo na-khaan of dit nummer korrekt is?
Can I dial international____ direct?	Kan ik automatisch bellen naar het buitenland?
	Kan ik owtoa-ma-tees bellen naar het bowtenlant?
Do I have to go through ___ the switchboard?	Moet ik via de telefoniste bellen?
	Moot ik vee-a de tay-la-foan-iste bellen?
Do I have to dial '0' _____ first?	Moet ik eerst een nul draaien?
	Moot ik ayr-st an nul draa-yen?
Do I have to book _____ my calls?	Moet ik een gesprek aanvragen?
	Moot ik an khesprek aanfraakhen?
Could you dial this _____ number for me?	Wilt u het volgende nummer voor me bellen?
	Vilt-oo het folkhenda nummer for ma bellen?
Could you put me _____ through to.../extension..., please?	Kunt u me doorverbinden met.../toestel...?
	Kunt-oo ma doorferbinden met.../too-stel...?
I'd like to place a _____ reverse-charge call to...	Ik wil graag een collect call met...
	Ik vil khraakh an collect call met...
What's the charge per _____ minute?	Wat kost het per minuut?
	Vat kost het pair min-oot?
Have there been any _____ calls for me?	Heeft er iemand voor mij gebeld?
	Hayft air eemant for ma khebelt?

The conversation

Hello, this is..._____	Hallo, u spreekt met...
	Hallo, oo spraykt met...
Who is this, please? _____	Met wie spreek ik?
	Met vee sprayk ik?
Is this...?_____	Spreek ik met...?
	Sprayk ik met...?

I'm sorry, I've dialled _____ the wrong number	Sorry, ik heb het verkeerde nummer gedraaid
	So-ree, ik hep het ferkayrde nummer khedraayt
I can't hear you _____	Ik kan u niet verstaan
	Ik kan oo neet ferstaan
I'd like to speak to... _____	Ik wil graag spreken met...
	Ik vil khraakh sprayken met...
Is there anybody _____ who speaks English?	Is er iemand die Engels spreekt?
	Is er eemant dee Eng-els spraykt?
Extension..., please_____	Mag ik toestel...van u?
	Makh ik toestel...fan-oo?
Could you ask him/her_____ to call me back?	Wilt u vragen of hij/zij me terugbelt?
	Vilt-oo frakhen of haye/zaye ma terukh-belt?
My name's... _____ My number's...	Mijn naam is...Mijn nummer is...
	Mayen naam is...Mayen nummer is...
Could you tell him/her _____ I called?	Wilt u zeggen dat ik gebeld heb?
	Vilt-oo zekh-ken dat ik khebelt hep?
I'll call him/her back _____ tomorrow	Ik bel hem/haar morgen terug
	Ik bel hem/haar morkha terukh

Er is telefoon voor u _____	There's a phone call for you
U moet eerst een nul draaien _____	You have to dial '0' first
Heeft u een momentje? _____	One moment, please
Ik krijg geen gehoor_____	There's no answer
Het toestel is bezet_____	The line's engaged
Wilt u wachten? _____	Do you want to hold?
Ik verbind u door _____	Putting you through
U heeft een verkeerd nummer _____	You've got a wrong number
Hij/zij is op het ogenblik niet aanwezig _	He's/she's not here right now
Hij/zij is...weer te bereiken _____	He'll/she'll be back...
Dit is het automatisch _____ antwoordapparaat van...	This is the answering machine of...

Shopping

Shopping

● **Shops are generally open** from 9am–6pm (9.00–18.00)
Monday–Saturday but in many areas shops do not open on Monday
morning until lunch-time and most towns and larger communities have
a late shopping evening (*koopavond*) which is usually either Thursday
or Friday night. Some large supermarkets remain open in the evening.

antiek	hypotheekbank	rijwielhandel
antiques	mortgage bank	bicycle dealer
apotheek	ijssalon	rookartikelen
dispensing	ice cream parlour	tobacconist
chemist/pharmacy	ijzerwaren	schoenenwinkel
bakkerij	hardware store	shoe shop
bakery	juwelier	schoonheidssalon
banketbakkerij	jeweller's	beauty parlour
cake shop	kapsalon	slagerij
belastingvrije winkel	hairdresser	butcher
tax-free shop	kiosk	slijterij
bloemist	newsstand	off-licence
florist	koopjeskelder	speelgoedzaak
boekhandel	bargain basement	toy shop
book shop	kranten/tijdschriften	sportzaak
café	newsagent	sports shop
bar, café	kruidenier	stomerij
drogist	grocery store	dry cleaner's
chemist's shop	markt	supermarkt
fietsenhandelaar	market	supermarket
bicycle dealer	melkproducten	tweedehands
fietsenmaker	dairy products	artikelen
bicycle repairer	meubelzaak	second-hand goods
fijne eetwaren/	furniture store	vishandel
delicatessen	opticien	fishmonger
deli-bar/delicatessen	optician	warenhuis
fotohandel	parfumerie	department store
camera shop	perfumery	wasserette
groente en fruit	platenzaak	launderette
greengrocer	record shop	winkelcentrum
huishoudelijke	postkantoor	shopping centre
artikelen	post office	winkelgalerij
household goods	reformwinkel	shopping arcade
huishoudelijke	health food shop	winkelpromenade
apparaten	reisbureau	shopping mall
electrical appliances	travel agent	zelfbediening
		self-service

Where can I get...? _____	In welke winkel kan ik...krijgen?
	In vel-ka vinkel kan ik...krayekhen?
When does this shop _____ open?	Wanneer is deze winkel open?
	Vaneer is day-ze vinkel oapa?
Could you tell me _____ where the...department is?	Kunt u me de...afdeling wijzen?
	Kunt-oo ma de...af-dayling wayezen?
Could you help me, _____ please? I'm looking for...	Kunt u me helpen? Ik zoek...
	Kunt-oo ma helpen? Ik zook...
Do you sell English _____ newspapers?	Verkoopt u Engelse kranten?
	Ferkoapt-oo Eng-elsa kranten?

Kan ik u helpen?_____ Can I help you?

Yes, I'd like..._____	Ja. Ik had graag...
	Ya. Ik hat khraakh...
I'm just looking, _____ if that's all right	Ik kijk wat rond, als dat mag
	Ik kayek vat ront, als dat makh

Anders nog iets? _____ Anything else?

Yes, I'd also like... _____	Ja, geeft u me ook nog...
	Ya, khayft-oo ma oak nokh...
No, thank you. That's all ___	Nee, dank u. Dat was het
	Nay, dank-oo. Dat vas-et
Could you show me...? ____	Kunt u me...laten zien?
	Kunt-oo ma...laten zeen?
I'd prefer..._____	Ik wil liever...
	Ik vil leefer...
This is not what I'm _____ looking for	Dit is niet wat ik zoek
	Dit is neet vat ik zook
Thank you. I'll keep_____ looking	Dank u. Ik kijk nog even ergens anders
	Dank-oo. Ik kayek nokh ayfa er-khens and-ers
Do you have _____ something...?	Heeft u niet iets dat...is?
	Hayft-oo neet eets dat...is?
– less expensive?_____	Heeft u niet iets dat goedkoper is?
	Hayft-oo neet eets dat khoodkoaper is?
– smaller? _____	Heeft u niet iets dat kleiner is?
	Hayft-oo neet eets dat klayener is?
– larger? _____	Heeft u niet iets dat groter is?
	Hayft-oo neet eets dat khroater is?
I'll take this one _____	Deze neem ik
	Day-ze naym ik
Does it come with _____ instructions?	Zit er een gebruiksaanwijzing bij?
	Zit-air an khebrowks-anwayezing baye?
It's too expensive _____	Ik vind het te duur
	Ik vind het te doo-er

I'll give you... _____ Ik bied u...
Ik beet-oo

Could you keep this for ____ Wilt u die voor mij bewaren? Ik kom het
me? I'll come back for it straks ophalen
later *Vilt-oo dee for maye be-varen? Ik kom het
straks ophalen*

Have you got a bag _____ Heeft u een tasje voor me?
for me, please? *Hayft-oo an tas-ye for ma?*

Could you giftwrap_____ Kunt u het inpakken in cadeaupapier?
it, please? *Kunt-oo het inpakken in kadoa-papeer?*

Het spijt me, dat hebben we niet _____ I'm sorry, we don't have
that

Het spijt me, dat is uitverkocht _____ I'm sorry, we're sold out

Het spijt me, dat komt pas...weer _____ I'm sorry, that won't come
binnen in before...

U kunt aan de kassa afrekenen _____ You can pay at the cash
desk

We nemen geen creditcards aan_____ We don't accept credit
cards

We nemen geen reischeques aan_____ We don't accept traveller's
cheques

We nemen geen vreemde valuta _____ We don't accept foreign
currency

10 .2 Food

I'd like a hundred_____ Ik wil graag een ons...
grams of..., please *Ik wil khraakh ayn ons...*

I'd like five hundred _____ Ik wil graag een pond...
grams of..., please *Ik vil khraakh ayn pont...*

I'd like a kilo of..., please ___ Ik wil graag een kilo...
Ik vil khraakh ayn keelo...

Could you...it for me, _____ Wilt u het voor me...?
please? *Vilt u het for ma...?*

Could you slice it/ _____ Vilt u het voor me in plakjes/stukjes
dice it for me, please? snijden?
*Vilt-oo het for ma in plak-yas/stuk-yas
snayeda*

Could you grate it _____ Wilt u het voor me raspen?
for me, please? *Vilt u het for ma raspen?*

Can I order it?_____ Kan ik het bestellen?
Kan ik het be-stellen?

I'll pick it up tomorrow/ ____ Ik kom het morgen/om...uur ophalen
at... *Ik kom het morkha/om...oor ophalen*

Can you eat/drink this? ____ Is dit om te eten/drinken?
Is dit om te ayten/drinken?

What's in it? _____ Wat zit er in?
Vat zit-er in?

Shopping

10

84

I saw something in the ____ window. Shall I point it out?	Ik heb in de etalage iets gezien. Zal ik het aanwijzen? *Ik hep in de aytal-azya eets khezeen. Zal ik het anwayezen?*
I'd like something to_____ go with this	Ik wil graag iets dat hierbij past *Ik vil khraakh eets dat heer-baye passt*
Do you have shoes _____ in this colour?	Heeft u schoenen in dezelfde kleur als dit? *Hayft-oo skhoonen in de-zelf-de kl-eu-r als dit?*
I'm a size...in the _____ UK/Ireland	Ik heb maat...in het Verenigd Koninkrijk/Ierland *Ik hep maat...in het Feraynigd Koaningk-rayek/Eerlant*
Can I try this on? _____	Mag ik dit passen? *Makh ik dit passen?*
Where's the fitting_____ room?	Waar is de paskamer? *Vaar is de pass-kamer?*
It doesn't fit_____	Het past me niet *Het passt ma neet*
This is the right size _____	Dit is de goede maat *Dit is de khooda maat*
It doesn't look good on ___ me	Het staat me niet mooi *Het staat ma neet moay*
Do you have this/ _____ these in...?	Heeft u ook deze in het... *Hayft-oo oak day-ze in het...*
The heel's too high/low ____	Ik vind de hak te hoog/laag *Ik fint de hak te hoakh/laakh*
Is this/are these _____ genuine leather?	Is/zijn dit/deze echt leer? *Is/zayen dit/day-ze ekht layr?*
I'm looking for a..._____ for a...-year-old baby/child	Ik zoek een...voor een baby/kind van...jaar *Ik zook an...for an beby/kint fan...yaar*
I'd like a... _____	Ik had graag een...van... *Ik hat khraakh an...fan...*
I'd like a silk... _____	Ik had graag een...van zijde *Ik hat khraakh an...fan zayede*
I'd like a cotton..._____	Ik had graag een...van katoen *Ik hat khraakh an...fan katoon*
I'd like a woollen... _____	Ik had graag een...van wol *Ik hat khraakh an...fan wol*
I'd like a linen... _____	Ik had graag een...van linnen *Ik hat khraakh an...fan linnen*
What temperature_____ can I wash it at?	Op welke temperatuur kan ik het wassen? *Op vel-ke temp-er-at-toor kan ik het wassen?*
Will it shrink in the _____ wash?	Krimpt het in de was? *Krimpt het in de was?*

Shopping

⑩

Chemisch reinigen	Machinewas	Niet centrifugeren
Dry clean	**Machine wash**	**Do not spin dry**
Handwas	Nat ophangen	Niet strijken
Hand wash	**Drip dry**	**Do not iron**

At the cobbler

Could you mend _____ these shoes?	Kunt u deze schoenen repareren? *Kunt-oo day-ze skhoonen repar-ayren?*
Could you put new _____ soles/heels on these?	Kunt u hier nieuwe zolen/hakken onder zetten? *Kunt-oo heer ni-oo-wa zoalen/hakken onder zetten?*
When will they be _____ ready?	Wanneer zijn ze klaar? *Vaneer zayen ze klaar?*
I'd like..., please _____	Ik wil graag... *Ik vil khraakh...*
I'd like some shoe polish, __ please	Ik wil graag een doosje schoensmeer *Ik vil khraakh an doas-ye skhoon-smeer*
I'd like a pair of shoelaces, _ please	Ik wil graag een paar veters *Ik vil khraakh an paar fayters*

🔟 .4 Photographs and video

Shopping

🔟

I'd like a film for this_____ camera, please	Ik wil graag een filmrolletje voor dit toestel *Ik vil khraakh an fil-em rol-at-ye for dit too-stel*
I'd like a cartridge for this __ camera, please	Ik wil graag een cassette voor dit toestel *Ik vil khraakh an cas-et-ta for dit too-stel*
I'd like a one twenty-six_____ cartridge for this camera, please	Il wil graag een honderd-zes-en-twintig cassette voor dit toestel *Ik vil khraakh an honderd-sess-en-twintik cas-et-ta for dit toostel*
I'd like a slide film for this _ camera, please	Ik wil graag een diafilm voor dit toestel *Ik vil khraakh an dee-a-fil-em for dit toostel*
I'd like a movie film _____ cartridge for this camera, please	Ik wil graag een filmcassette voor dit toestel *Ik vil khraakh an fil-em-cas-et-ta for dit toestel*
I'd like a videotape for _____ this camera please	Ik wil graag een videoband voor dit toestel *Ik vil khraakh an fid-ee-oh bant for dit toostel*
colour/black and white_____	kleur/zwart-wit *kleur/zvart-wit*
super eight _____	super acht millimeter *soop-er akht milli-mayter*
12/24/36 exposures _____	twaalf/vier-en-twintig/zes-en-dertig opnamen *twal-ef/feer-en-twintikh/zess-en-dertikh opnamen*
a film of ...ASA_____	een rolletje van ASA... *an rol-et-ye fan aasa...*
a daylight film _____	een daglicht film *an dakhlikht fil-em*
a tungsten film_____	een kunstlicht film *an kunstlikht fil-em*

Problems

Could you load the _____ film for me, please?	Wilt u de film in het toestel doen?
	Vilt-oo de fil-em in het too-stel doon?
Could you take the film ____ out for me, please?	Wilt u de film uit de camera halen?
	Vilt-oo de fil-em owt de kamera haalen?
Should I replace_____ the batteries?	Moet ik de batterijen vervangen?
	Moot ik de bat-er-aye-en ferfangen?
Could you have a look_____ at my camera, please? It's not working	Wilt u naar mijn camera kijken? Hij doet het niet meer
	Vilt-oo naar mayen kamera kayekhen? Haye doot het neet mayr
The...is broken _____	De...is kapot
	De...is kapot
The film's jammed _____	De film zit vast
	De fil-em zit fast
The film's broken_____	De film is gebroken
	De fil-em is khebroaken
The flash isn't working ___	De flitser doet het niet meer
	De flitser doot het neet mayr

Processing and prints

I'd like to have this film ____ developed/printed, please	Ik wil deze film laten ontwikkelen/afdrukken
	Ik vil dayze fil-em laten ontvikkelen/afdrukken
I'd like...prints from_____ each negative	Ik wil graag...afdrukken van elk negatief
	Ik vil khraakh...afdrukken fan el-ek nay-khat-eef
6 x 9 (six by nine) _____	zes bij negen
	zess baye naykha
I'd like to reorder_____ these photos	Ik wil deze foto's laten bijbestellen
	Ik vil dayze fotos laten baye-bestellen
How much is _____ development?	Hoeveel kost het ontwikkelen?
	I loo-fayl kost het ont-vikel-en?
How much is printing?_____	Hoeveel kost het afdrukken?
	Hoo-fayl kost het af-drukken?
How much to reorder?_____	Hoeveel kost de bijbestelling?
	Hoo-fayl kost de baye-be-stelling
How much is the _____ enlargement?	Hoeveel is de vergroting?
	Hoo-fayl is de fer-khroating?
When will they_____ be ready?	Wanneer zijn ze klaar?
	Wanneer zayen ze klaar?

⑩ .5 At the hairdresser's

Do I have to make an _____ appointment?	Moet ik een afspraak maken?
	Moot ik an afspraak maaken?
Can I come in straight ____ away?	Kunt u me direct helpen?
	Kunt-oo ma deerekt helpen?
How long will I have_____ to wait?	Hoe lang moet ik wachten?
	Hoo lang moot ik vakhten?
I'd like a shampoo/ _____ haircut	Ik wil mijn haar laten wassen/knippen
	Ik vil mayen haar laten was-sen/ke-nippen

a shampoo for ___ oily/dry hair, please	Ik wil graag een shampoo tegen vet/droog haar
	Ik vil khraakh an sham-poa taykhen fet/droakh haar
I'd like an anti-dandruff ___ shampoo	Ik wil graag een shampoo tegen roos
	Ik vil khraakh an sham-poa taykhen roase
I'd like a shampoo for ___ permed/coloured hair	Ik wil graag een shampoo voor permanent/geverfd haar
	Ik vil khraakh an sham-poa for per-man-ent/kheferft haar
I'd like a colour rinse ___ shampoo	Ik wil graag een kleurshampoo
	Ik vil khraakh an kleur-sham-poa
I'd like a shampoo with ___ conditioner, please	Ik wil graag een shampoo met conditioner
	Ik vil khraakh an sham-poa met conditioner
I'd like highlights ___	Ik wil graag coupe soleil
	Ik vil khraakh coop soll-ay
I'd like to see a colour ___ chart, please	Heeft u een kleurenkaart alstublieft?
	Hayft-oo an kleuren-kaart als-too-bleeft?
I want to keep it the same _ colour	Ik wil dezelfde kleur houden
	Ik vil de-zelf-de kleur howden
I'd like it darker/lighter ___	Ik wil het donkerder/lichter
	Ik vil het donkerd-er/likht-er
I'd like/I don't want ___ hairspray	Ik wil/wil geen versteviger in mijn haar
	Ik vil/vil khayn ferstayvikher in mayen haar
I'd like/I don't want gel ___	Ik wil/wil geen gel
	Ik vil/vil khayn zyell
I'd like/I don't want lotion __	Ik wil/wil geen lotion
	Ik vil/vil khayn loa-shon
I'd like a short fringe ___	Ik wil mijn pony kort
	Ik vil mayen poan-ee kort
Not too short at ___ the back	Ik wil het achteren niet te kort
	Ik vil het akhtera neet te kort
Not too long here ___	Ik wil het hier niet te lang
	Ik vil het heer neet te lang
I want curls ___	Ik wil krullen
	Ik vil krulla
I don't want too many ___ curls	Ik wil niet te veel krullen
	Ik vil neet te fayl krulla
It needs a little/ ___ a lot taken off	Er moet een klein stukje/flink stuk af
	Air moot an klayen stuk-ya/flink stuk af
I want a completely ___ different style	Ik wil een heel ander model
	Ik vil an hayl ander moa-del
I'd like it the same as... ___	Ik wil mijn haar zoals...
	Ik vil mayen haar zo-als...
I'd like it the same as ___ that lady's	Ik wil mijn haar zoals die mevrouw
	Ik vil mayen haar zo-als dee ma-frow
I'd like it the same as in ___ this photo	Ik wil mijn haar zoals op deze foto
	Ik vil mayen haar zoals op day-ze foto
Could you put the ___ drier up/down a bit?	Kunt u de kap hoger/lager zetten?
	Kunt-oo de kap hoakher/laakher zetten?
I'd like a facial ___	Ik wil graag een gezichtsmasker
	Ik vil khraakh an khezikhts-masker
I'd like a manicure ___	Ik wil graag een manicure
	Ik vil khraakh an manikoor
I'd like a massage ___	Ik wil graag een massage
	Ik vil khraakh an mas-saa-zya

Could you trim my...? _____	Wilt u mijn...bijknippen?
	Vilt-oo mayen...baye-ke-nippa?
– fringe? _____	Wilt u mijn pony bijknippen?
	Vilt-oo mayen pony baye-ke-nippa?
– beard? _____	Wilt u mijn baard bijknippen?
	Vilt-oo mayen baart baye-ke-nippa?
– moustache? _____	Wilt u mijn snor bijknippen?
	Vilt-oo mayen snor baye-ke-nippa?
I'd like a shave, please _____	Scheren alstublieft
	Skhayren als-too-bleeft
I'd like a wet shave, _____ please	Ik wil met een mesje geschoren worden
	Ik vil met an mes-ye kheskhoren worden

Hoe wilt u uw haar geknipt? _____	How would you like your hair cut?
Welk model heeft u op het oog? _____	What style did you have in mind?
Welke kleur moet het worden? _____	What colour did you want it?
Is dit de goede temperatuur? _____	Is the temperature all right for you?
Wilt u iets te lezen hebben? _____	Would you like something to read?
Wilt u iets drinken? _____	Would you like a drink?
Is het naar uw zin? _____	Is this what you had in mind?

At the Tourist Information Centre

11 **A**t the Tourist Information Centre

11 .1 **P**laces of interest

Where's the Tourist Information, please?	Waar is het VVV-kantoor?
	Vaar is het Vay-vay-vay-kantoar?
Do you have a town map? _	Heeft u een plattegrond van de stad?
	Hayft-oo an plattekhrond fan de stat?
Could you give me some _ information about...	Kunt u mij informatie geven over...?
	Kunt-oo maye inform-at-see khayfen oafer...?
How much do we owe____ you for this?	Hoeveel moeten we u hiervoor betalen?
	Hoo-fayl mooten wa oo heerfoor betaalen
What are the main _____ places of interest?	Wat zijn de belangrijkste bezienswaardigheden?
	Vat zayen de belangrayekste bezeensvaardikh-hayda?
Could you point them _____ out on the map?	Kunt u die aanwijzen op de kaart?
	Kunt-oo die aan-vaye-zen op de kaart?
What do you _____ recommend?	Wat raadt u ons aan?
	Vat raat-oo ons aan?
We'll be here for a_____ few hours	We blijven hier een paar uur
	We blayefen heer an paar oor
We'll be here for a day ____	We blijven hier een dag
	We blayefen heer an dakh
We'll be here for a week ___	We blijven hier een week
	We blayefen heer an wayk
We're interested in... _____	We zijn geïnteresseerd in...
	We zayen khe-interes-ayrt in...
Is there a scenic walk _____ around the town?	Kunnen we een stadswandeling maken?
	Kunnen wa an stats-vandeling maaken?
How long does it take? ____	Hoe lang duurt het?
	Hoo lang doort het?
Where does it start/end? ___	Waar is het startpunt/eindpunt?
	Vaar is het startpunt/ayendpunt?
Are there any boat _____ cruises here?	Zijn er hier rondvaartboten?
	Zayen-er heer rontfaartboaten?
Where can we board? _____	Waar kunnen we aan boord gaan?
	Vaar kunnen wa an boart khaan?
Are there any bus tours?___	Zijn er rondritten per bus?
	Zayen-er rontritten pair bus?
Where do we get on?_____	Waar moeten we opstappen?
	Vaar mooten wa opstappen?

At the Tourist Information Centre

11

What trips can we take ____ around the area?	Welke uitstapjes kan men in de omgeving maken?
	Welk-a owtstap-yas kan men in de omkhayfing maken?
Are there any _____ excursions?	Zijn er excursies?
	Zayen er eks-kursees?
Where do they go to? ____	Waar gaan die naar toe?
	Vaar khaan dee naar-too?
We'd like to go to... _____	We willen naar...
	Wa willen naar...
How long is the trip? _____	Hoe lang duurt die tocht?
	Hoo lang doort dee tocht?
How long do we _____ stay in...?	How lang blijven we in...?
	Hoe lang blayfen wa in...
Are there any guided _____ tours?	Zijn er rondleidingen?
	Zayen er rontlayedingen?
How much free time_____ will we have there?	Hoeveel tijd hebben we daar voor onszelf?
	Hoofayl tayet hebben wa daar for ons-zel-ef?
We want to go hiking _____	We willen een trektocht maken
	We willen an trektokht maken
Can we hire a guide? _____	Kunnen we een gids huren?
	Kunnen wa an khids hooren?
What time does... _____ open/close?	Hoe laat gaat...open/dicht?
	Hoo laat khaat...open/dicht?
What days is...open/_____ closed?	Op welke dagen is...geopend/gesloten?
	Op wel-ka dakhen is...khe-oapend/ khesloata?
What's the admission_____ price?	Hoeveel is de toegangsprijs
	Hoo-fayl is de too-khangs-prayes?
Is there a group _____ discount?	Is er reductie voor groepen?
	Is-er redukt-see for khroopen?
Is there a child _____ discount?	Is er reductie voor kinderen?
	Is-er redukt-see for kind-er-en?
Is there a discount_____ for pensioners?	Is-er reductie voor vijf-en-zestig plussers?
	Is-er redukt-see for fayef-en-zesstikh plus- ers?
Can I take (flash) _____ photos here?	Mag ik hier fotograferen (met flits)?
	Makh ik heer fotograf-ayren (met flitse)?
Can I film here? _____	Mag ik hier filmen?
	Makh ik heer filmen?
Do you have any _____ postcards with...on them?	Verkoopt u ansichtskaarten met...erop?
	Ferkoopt-oo ansikhts-kaarten met...er-op?
Do you have a...in _____ English?	Heeft u een...in het Engels?
	Hayft-oo an...in het Eng-els?
Do you have an English ___ catalogue?	Heeft u een catalogus in het Engels?
	Hayft-oo an katal-oh-khus in het Eng-els?
Do you have an English ___ programme?	Heeft u een programma in het Engels?
	Hayft-oo an proakhramma in het Eng-els?
Do you have a brochure ___ in English?	Heeft u een brochure in het Engels?
	Hayft-oo an brosh-oora in het Engels?

11

11 .2 Going out

Films are shown in their original language with Dutch sub-titles so that there is usually a wide choice of American and British films with the original sound tracks. Most of the larger towns have a broad range of cultural activities including the performing arts. Many 'night clubs' are in fact brothels. There are dance venues or discos mainly catering for the younger generation. Besides the performing arts, much night life is centred around the cafés and bars.

Do you have this week's/month's entertainment guide?	Heeft u de uitgaanskrant van deze week/maand?
	Hayft-oo de owtkhaanskrant fan day-ze wayk/maand?
What's on tonight?	Wat is er vanavond te doen?
	Vat is-er fan-afont te doon?
We want to go to...	We willen naar...
	We villen naar...
Which films are showing?	Welke films draaien er?
	Wel-ka fil-ems draay-en air?
What sort of film is that?	Wat voor een film is dat?
	Vat for an fil-em is dat?
suitable for all ages	alle leeftijden
	alla layf-taye-den
older than 12/16	ouder dan twaalf/zestien
	owder dan twal-ef/zess-teen
original version	originele versie
	oree-zyeenay-le fersee
subtitled	met ondertitels
	met onderteetols
dubbed	nagesynchroniseerd
	na-khe-synkhroh-nisayrt
Is it a continuous showing?	Is het een doorlopende voorstelling?
	Is het an doorloapenda foarstelling?
What's on at...?	Wat is er te doen in...?
	Vat is er te doon in...?
– the theatre?	Wat is er te doen in het theater?
	Vat is er te doon in het tay-a-ter
– the concert hall?	Wat is er te doen in het concertgebouw?
	Vat is er te doon in het konsairt-khebow?
– the opera?	Wat is er te doen in de opera?
	Vat is er te doon in de op-ay-ra?
Where can I find a good disco around here?	Waar is hier een goede disco?
	Vaar is heer an khooda disco?
Is it for members only?	Is lidmaatschap vereist?
	Is lidmaatskhap ferayest?
Where can I find a good nightclub around here?	Waar is hier een goede nachtclub?
	Vaar is heer an khooda nakht-club?
Is it evening dress only?	Is avondkleding verplicht?
	Is afont-klayding ferplikht?
Should I/we dress up?	Is avondkleding gewenst?
	Is afond-klayding khe-wenst?
What time does the show start?	Hoe laat begint de show?
	Hoo laat bekhint de show?

When's the next soccer ____ match?	Wanneer is de eerstvolgende voetbalwedstrijd?
	Vaneer is de eerst-folkhenda footbal-vedstrayed?
Who's playing?_____	Wie spelen er tegen elkaar?
	Vee spaylen-air taykhen el-kaar?
I'd like an escort for _____ tonight. Could you arrange that?	Ik wil voor vanavond een escort-guide. Kunt u dat voor me regelen?
	Ik vil foar fan-afont an escortgaid. Kunt-oo dat for ma raykhela?

🕚 .3 Booking tickets

Could you book some ____ tickets for us?	Kunt u voor ons reserveren?
	Kunt-oo for ons rayserv-ayren?
We'd like to book... _____ seats/a table...	We willen...plaatsen/een tafeltje reserveren
	We vil-en...plaatsen/an taafelt-ya rayservayren
We'd like to book...seats/a _ table in the stalls	We willen...plaatsen/een tafeltje in de zaal
	We vil-en...plaatsen/an taafelt-ye in de zaal
We'd like to book...box ____ seats	We willen...plaatsen in de loge
	Wa vil-en...plaatsen in de lozya
We'd like to book...seats ___ at the front	We willen...plaatsen voorin
	Wa vil-en...plaatsen foarin
We'd like to book...seats/a _ table in the circle	We willen...plaatsen/een tafeltje op het balkon
	We vil-en...plaatsen/an tafelt-ye op het balkon
We'd like to book...seats/a _ table in the middle	We willen...plaatsen/een tafeltje in het midden
	We vil-en...plaatsen/an taafelt-ye in het midden
We'd like to book...seats/a _ table at the back	We willen...plaatsen/een tafeltje achteraan
	We vil-en...plaatsen/an taafelt-ye akhteraan
Could I book...seats for ____ the...o'clock performance?	Kan ik...plaatsen voor de voorstelling van...uur reserveren?
	Kan ik...plaatsen for de foarstelling fan...oor reserv-ayren?
Are there any seats left ____ for tonight?	Zijn er nog kaartjes voor vanavond?
	Zayen-er nokh kaart-yas for fan-afont?
How much is a ticket? _____	Hoeveel kost een kaartje?
	Hoo-fayl kost an kaart-ya?
When can I pick the _____ tickets up?	Wanneer kan ik de kaartjes ophalen?
	Vaneer kan ik de kaart-yas op-haalen?
I've got a reservation _____	Ik heb gereserveerd
	Ik hep khereserv-ayrt
My name's... _____	Mijn naam is...
	Mayen naam is...

Voor welke voorstelling wilt u _____ reserveren?	Which performance do you want to book for?
Waar wilt u zitten? _____	Where would you like to sit?
Alles is uitverkocht _____	Everything's sold out
Er zijn alleen nog staanplaatsen _____	It's standing room only
Er zijn alleen nog plaatsen op het _____ balkon	We've only got circle seats left
Er zijn alleen nog plaatsen op het_____ schellinkje	We've only got gallery seats left
Er zijn alleen nog plaatsen in de zaal____	We've only got stall seats left
Er zijn alleen nog plaatsen vooraan ____	We've only got seats left at the front
Er zijn alleen nog plaatsen achteraan __	We've only got seats left at the back
Hoeveel plaatsen wilt u? _____	How many seats would you like?
U moet de kaartjes vóór...uur ophalen _	You'll have to pick up the tickets before...o'clock
Mag ik uw plaatsbewijzen zien? _____	Tickets, please
Dit is uw plaats_____	This is your seat

At the Tourist Information Centre

11

Sports

12 **S**ports

12 .1 **S**porting questions

Where can we... _____ around here?	Waar kunnen we hier...? *Vaar kunnen wa heer...?*
Is there a... _____ around here?	Is er hier een...in de buurt? *Is air heer an...in de boo-ert?*
Can I hire a...here? _____	Kan ik hier een...huren? *Kan ik heer an...hooren?*
Can I take...lessons? _____	Kan ik les nemen in...? *Kan ik les naymen in...?*
How much is that per_____ hour/per day/a turn?	Hoeveel kost dat per uur/dag/keer? *Hoo-fayl kost day per oor/dakh/kayr?*
Do I need a permit _____ for that?	Heb ik daarvoor een vergunning nodig? *Hep ik daarfoar an ferkhunning noadikh?*
Where can I get _____ the permit?	Waar kan ik die vergunning krijgen? *Vaar kan ik dee ferkhunning kraye-khen?*

12 .2 **B**y the waterfront

Is it a long way to _____ the sea still?	Is het nog ver naar zee? *Is het nokh fer naar zay?*
Is there a...around here? ___	Is er hier ook een...in de buurt? *Is er heer oak an...in de boo-ert?*
Is there a swimming pool __ around here?	Is er hier ook een zwembad in de buurt? *Is er heer oak an zwem-bat in de boo-ert?*
Is there a sandy beach _____ around here?	Is er hier ook een zandstrand in de buurt? *Is er heer oak an zantstrant in de boo-ert?*
Is there a nudist beach ____ around here?	Is er hier ook een naaktstrand in de buurt? *Is er heer oak an naaktstrant in de boo-ert?*
Is there a mooring around _ here?	Is er hier ook een aanlegplaats voor boten in de buurt? *Is er heer oak an aanlekhplaats for boaten in de boo-ert?*
Are there any rocks_____ here?	Zijn er hier ook rotsen? *Zayen-er heer oak rotsen?*
When's high/low tide? _____	Wanneer is het vloed/eb? *Vaneer is het flood/ep?*
What's the water _____ temperature?	Wat is de temperatuur van het water? *Vat is de temper-a-toor fan het vaater?*
Is it (very) deep here? _____	Is het hier (erg) diep? *Is het heer (air-ekh) deep?*
Can you reach the bottom _ here?	Kan je hier staan? *Kan ya heer staan?*
Is it safe for children to ____ swim here?	Is het hier veilig zwemmen voor kinderen? *Is het heer faylikh zwemma for kind-er-a?*
Are there any currents?____	Zijn er stromingen? *Zayen-er stroaminga*
Are there any rapids/ _____ cascades in this river?	Heeft deze rivier stroomversnellingen / watervallen? *Hayft day-ze riv-eer stroam-fersnellingen/vaater-fallen?*
What does that flag/_____ buoy mean?	Wat betekent die vlag/boei daar? *Vat betekent dee flakh/boo-ee daar?*

Is there a life guard	Is er hier een badmeester die een oogje in
on duty here?	het zeil houdt?
	Is-er heer an bat-mayster dee an oakh-ya in
	het zayel howt?
Are dogs allowed here?	Mogen hier honden komen?
	Moakhen heer honden koamen?
Is camping on the	Mag je hier kamperen op het strand?
beach allowed?	*Makh ya heer kampayren op het strant?*
Are we allowed to	Mag je hier een vuurtje stoken?
build a fire here?	*Makh ya heer an fuurt-ya stoaken?*

Alleen met	Verboden te surfen	Verboden te
vergunning	No surfing	zwemmen
Permits only	Verboden te vissen	No swimming
Gevaar	No fishing	Viswater
Danger		Fishing water

🔵**12** .3 In the snow

Is there an ice rink around	Is er een kunstijsbaan in de buurt?
here?	*Is-air an kunst-ayesbaan in de boo-ert*
Can I hire a pair of skates	Kan ik hier een paar schaatsen huren?
here?	*Kan ik heer an paar skhaatsen hoo-ren?*
I'm size...in the UK/Ireland	Ik heb maat...in het Verenigd
	Koninkrijk/Ierland
	Ik hep maat...in het Fer-aynigd Koaningk-
	rayek/Eerlant
Is there anywhere to skate	Kan ik hier ergens buiten schaatsen zelfs
out of doors around here	als het niet vriest?/ Is er hier een
even if it doesn't freeze? /	onoverdekte kunstijsbaan?
Is there an outdoors ice	*Kan ik heer air-khens bow-ten skhaatsen zel-*
rink around here?	*efs als het neet freest? / Is air heer an on-*
	oaferdekta kunstayesbaan?
Where is it safe to skate	Waar kan ik hier veilig op natuurijs
on natural ice around	schaatsen?
here?	*Vaar kan ik heer faylikh op natoor-ayes*
	skhaatsen?
Is the ice thick enough for	Is het ijs al dik genoeg om op te
skating?	schaatsen?
	Is het ayes al dik khenookh om op te
	skhaatsen?

Sports

Sickness

13 .1 **C**all (fetch) the doctor

Could you call/fetch a_____ doctor quickly, please?	Kunt u snel een dokter halen, alstublieft?
	Kunt-oo snel an dokter haalen, alstoobleeft?
When does the doctor _____ have a surgery?	Wanneer heeft de dokter spreekuur?
	Vaneer hayft de dokter sprayk-oor?
When can the doctor _____ come?	Wanneer kan de dokter komen?
	Vaneer kan de dokter koamen?
I'd like to make an_____ appointment to see the doctor	Kunt u voor mij een afspraak bij de dokter maken?
	Kunt-oo for maye an afspraak baye de dokter maaken?
I've got an appointment ___ to see the doctor at...	Ik heb een afspraak met de dokter om...uur
	Ik hep an afspraak met de dokter om...oor
Which doctor/chemist _____ has night/weekend duty?	Welke doctor/apotheek heeft nachtdients/weekenddienst?
	Velka doctor/ap-oh-tayk hayft nakht-deenst/weekent-deenst?

13 .2 **P**atient's ailments

I don't feel well _____	Ik voel me niet goed
	Ik fool ma neet khood
I'm dizzy_____	Ik ben duizelig
	Ik ben dow-ze-likh
I'm ill_____	Ik ben ziek
	Ik ben zeek
I feel sick _____	Ik ben misselijk
	Ik ben misselik
I've got a cold_____	Ik ben verkouden
	Ik ben ferkowda
It hurts here _____	Ik heb hier pijn
	Ik hep heer payen
I've been throwing up _____	Ik heb overgegeven
	Ik hep oafer-khe-khayfa
I've got... _____	Ik heb last van...
	Ik hep last fan...
I'm running a _____ temperature of...degrees (Celsius)	Ik heb...graden koorts
	Ik hep...khraaden koarts
I've been stung by_____ a wasp	Ik ben gestoken door een wesp
	Ik ben khe-stoaka doar an vesp
I've been stung by an_____ insect	Ik ben gestoken door een insect
	Ik ben khe-stoaka doar an in-sekt
I've been bitten by _____ a dog	Ik ben gebeten door een hond
	Ik ben khe-bayten doar an hont
I've been stung by_____ a jellyfish	Ik ben gebeten door een kwal
	Ik ben khe-bayten doar an kwal
I've been bitten by _____ a snake	Ik ben gebeten door een slang
	Ik ben khe-bayten doar an slang
I've been bitten by _____ an animal	Ik ben gebeten door een beest
	Ik ben khe-bayten doar an bayst

I've cut myself _____	Ik heb me gesneden
	Ik hep ma khe-snayda
I've burned myself _____	Ik heb me gebrand
	Ik hep ma khe-brant
I've grazed myself _____	Ik heb me geschaafd
	Ik hep ma khe-skhaaft
I've had a fall _____	Ik ben gevallen
	Ik ben khe-falla
I've sprained my ankle_____	Ik heb mijn enkel verzwikt
	Ik hep mayen enkel ferzwikt
I've come for the _____ morning-after pill	Ik kom voor de morning-after pil
	Ik kom for de morning-after pill

🕐 .3 **T**he consultation

Wat zijn de klachten?_____	What seems to be the problem?
Hoe lang heeft u deze klachten al? _____	How long have you had these complaints?
Heeft u deze klachten al eerder gehad?__	Have you had this problem before?
Hoeveel graden koorts heeft u? _____	How high is your temperature?
Kleedt u zich uit alstublieft_____	Get undressed, please
Kunt u uw bovenlijf ontbloten? _____	Strip to the waist, please
U kunt zich daar uitkleden _____	You can undress there
Kunt u uw linkerarm/rechterarm _____ ontbloten?	Roll up your left/right sleeve, please
Gaat u hier maar liggen _____	Lie down here, please
Doet dit pijn? _____	Does this hurt?
Adem diep in en uit _____	Breathe deeply
Doe uw mond open _____	Open your mouth

Patient's medical history

I'm a diabetic _____	Ik ben suikerpatiënt
	Ik ben sowker-pa-see-ent
I have a heart condition____	Ik ben hartpatiënt
	Ik ben hart-pa-see-ent
I'm asthmatic _____	Ik ben astmapatiënt
	Ik ben ast-ma-pa-see-ent
I'm allergic to... _____	Ik ben allergisch voor...
	Ik ben allerkhees for...
I'm...months pregnant _____	Ik ben...maanden zwanger
	Ik ben...maanden zwanger
I'm on a diet _____	Ik ben op dieet
	Ik ben op dee-ayt

Sickness

🕐

I'm on medication/ _____ the pill	Ik gebruik medicijnen/de pil *Ik khe-browk may-dee-aye-nen/de pill*
I've had a heart attack _____ once before	Ik heb al eerder een hartaanval gehad *Ik hep al eerder an hart-aanfall khehat*
I've had a(n)...operation ___	Ik ben geopereerd aan... *Ik ben khe-oparayrt aan...*
I've been ill recently _____	Ik ben pas ziek geweest *Ik ben pas zeek khe-vayst*
I've got an ulcer _____	Ik heb een maagzweer *Ik hep an maakh-zwayr*
I've got my period _____	Ik ben ongesteld *Ik ben on-khe-stelt*

Bent u ergens allergisch voor? _____	Do you have any allergies?
Gebruikt u medicijnen? _____	Are you on any medication?
Volgt u een dieet? _____	Are you on a diet?
Bent u zwanger? _____	Are you pregnant?
Bent u ingeënt tegen tetanus? _____	Have you had a tetanus injection?

Het is niets ernstigs _____	It's nothing serious
U heeft uw...gebroken _____	Your ...'s broken
U heeft uw...gekneusd _____	You've got a/some bruised...
U heeft uw...gescheurd _____	You've got (a) torn...
U heeft een ontsteking _____	You've got an inflammation
U heeft een blindedarmontsteking _____	You've got appendicitis
U heeft bronchitis _____	You've got bronchitis
U heeft een geslachtsziekte _____	You've got a venereal disease
U heeft griep _____	You have the 'flu
U heeft een hartaanval gehad _____	You've had a heart attack
U heeft een infectie (virus/bacterie) _____	You've got an infection (viral-/bacterial-)
U heeft een longontsteking _____	You've got pneumonia
U heeft een maagzweer _____	You've got an ulcer
U heeft een spier verrekt _____	You've pulled a muscle
U heeft een vaginale infectie _____	You've got a vaginal infection
U heeft voedselvergiftiging _____	You've got food poisoning
U heeft een zonnesteek _____	You've got sunstroke
U bent allergisch voor... _____	You're allergic to...

U bent zwanger_____	You are pregnant
Ik wil uw bloed/urine/ontlasting laten____ onderzoeken	I'd like to have your blood/urine/stools tested
Het moet gehecht worden _____	It needs stitching
Ik stuur u door naar een specialist/het ___ ziekenhuis	I'm referring you to a specialist/sending you to hospital
Er moeten foto's gemaakt worden _____	You'll need to have some x-rays taken
U moet weer even in de wachtkamer____ gaan zitten	Could you wait in the waiting room, please?
U moet geopereerd worden _____	You'll need an operation

The diagnosis

Is it contagious?_____	Is het besmettelijk?	
	Is het be-smette-lik?	
How long do I have to _____ stay...?	Hoe lang moet ik...blijven	
	Hoo lang moot ik...blayefen?	
How long do I have to _____ stay in bed?	Hoe lang moet ik in bed blijven?	
	Hoo lang moot ik in bet blayefen?	
How long do I have to _____ stay in hospital?	Hoe lang moet ik in het ziekenhuis blijven?	
	Hoo lang moot ik in het zeekenhowse blayefen?	
Do I have to go on _____ a special diet?	Moet ik me aan een dieet houden?	
	Moot ik ma aan an dee-ayt howden?	
Am I allowed to travel? ____	Mag ik reizen?	
	Makh ik rayezen?	
Can I make a new _____ appointment?	Kan ik een nieuwe afspraak maken?	
	Kan ik an ni-oo-wa af-spraak maken?	
When do I have to_____ come back?	Wanneer moet ik terugkomen?	
	Vaneer moot ik terukh-koamen?	
I'll come back _____ tomorrow	Ik kom morgen terug	
	Ik kom morkha terukh	

U moet morgen/over...dagen _____ terugkomen	Come back tomorrow/in...days' time

.4 Medication and prescriptions

How do I take this _____ medicine?	Hoe moet ik deze medicijnen innemen?
	Hoo moot ik day-ze maydee-sayenen in-naymen?
How many capsules/ _____ drops/injections/ spoonfuls/tablets each time?	Hoeveel capsules/injecties/ lepels/tabletten per keer?
	Hoo-fayl kap-soo-les/in-yekt-sees/laypels/tablet-ten per kayr?

How many times a day? ___	Hoeveel keer per dag?
	Hoo-fayl kayr per dakh?
I've forgotten my _____ medication. At home I take...	Ik heb mijn medicijnen vergeten. Thuis gebruik ik...
	Ik hep mayen maydee-sayenen ferkhayta. Towse khebrowk ik...
Could you make out a ____ prescription for me?	Kunt u voor mij een recept uitschrijven?
	Kunt-oo far maye an resept owt-skhrayefen?

Ik schrijf antibiotica/een drankje/een____ kalmeringsmiddel/pijnstillers voor	I'm prescribing antibiotics/a mixture/a sedative/pain killers
U moet rust houden _____	Have lots of rest
U mag niet naar buiten_____	Stay indoors
U moet in bed blijven _____	Stay in bed

alleen voor uitwendig gebruik	gedurende...dagen for...days	...maal per etmaal ...times per day
for external use only	in zijn geheel doorslikken	om de...uur every...hours
capsules capsules	swallow whole	oplossen in water dissolve in water
de kuur afmaken finish the course	injecties injections	tabletten tablets
deze medicijnen beïnvloeden de rijvaardigheid this medication impairs your driving	innemen take insmeren rub on	voor elke maaltijd before each meal zalf ointment
druppels drops	lepels (eet-/thee-) spoonfuls (table-/ tea-)	

13 .5 At the dentist's

Do you know a good ____ dentist?	Weet u een goede tandarts?
	Vayt-oo an khooda tand-arts?
Could you make a _____ dentist's appointment for me? It's urgent	Kunt u voor mij een afspraak maken bij de tandarts? Er is haast bij
	Kunt-oo foar maye an afspraak maaken baye de tandarts? Air is haast baye
Can I come in today,____ please?	Kan ik alstublieft vandaag nog komen?
	Kan ik als-too-bleeft fandaakh koama?
I have (terrible)_____ toothache	Ik heb (vreselijke) kiespijn
	Ik hep (frays-el-lika) keespayen
Could you prescribe/ ____ give me a painkiller?	Kunt u een pijnstiller voorschrijven/geven?
	Kunt-oo an payenstiller foarskhrayefen/khayfen?
A piece of my tooth ____ has broken off	Er is een stuk van mijn tand afgebroken
	Air is an stuk fan mayen tant af-khe-broaken
My filling's come out ____	Mijn vulling is eruit gevallen
	Mayen fulling is er-owt khe-fallen

I've got a broken crown___	Mijn kroon is afgebroken
	Mayen kroan is af-khe-broaka
I'd like/I don't want a _____ local anaesthetic	Ik wil wel/niet plaatselijk verdoofd worden
	Ik vil wel/neet plaatselik ferdoafd vorda
Can you do a makeshift___ repair job?	Kunt u me nu op provisorische wijze helpen?
	Kunt-oo ma noo op pro-fis-or-eesa waye-za helpen?
I don't want this tooth _____ pulled	Ik wil niet dat deze kies getrokken wordt
	Ik vil neet dat day-ze kees khe-trokka wort
My dentures are broken.___ Can you fix them?	Mijn kunstgebit is gebroken. Kunt u het repareren?
	Mayen kunstkhebit is khebroaken. Kunt-oo het raypar-ayren?

Welke tand/kies doet pijn? _____	Which tooth hurts?
U heeft een abces_____	You've got an abcess
Ik moet een zenuwbehandeling doen___	I'll have to do a root canal treatment
Ik ga u plaatselijk verdoven_____	I'm giving you a local anaesthetic
Ik moet deze tand/kies_____ vullen/trekken/afslijpen	I'll have to fill/pull/grind this tooth down
Ik moet boren _____	I'll have to drill
Mond open_____	Open wide, please
Mond dicht_____	Close your mouth, please
Spoelen _____	Rinse, please
Voelt u nog pijn?_____	Does it still hurt?

14

In trouble

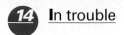

14 In trouble

14 .1 Asking for help

Help! _____	Help! *Hel-ep!*
Fire! _____	Brand! *Brant!*
Police! _____	Politie! *Poal-eet-see!*
Quick! _____	Snel! *Snel!*
Danger! _____	Gevaar! *Khe-faar!*
Watch out! _____	Pas op! *Pas op!*
Stop! _____	Stop! *Stop!*
Be careful! _____	Voorzichtig! *For-zikhtikh!*
Don't! _____	Niet doen! *Neet doon!*
Let go! _____	Laat los! *Laat los!*
Stop that thief! _____	Houd de dief! *Howt de deef!*
Could you help me, _____ please?	Wilt u me helpen? *Vilt-oo ma helpen?*
Where's the police station/emergency exit/fire escape?	Waar is het politiebureau/de nooduitgang/de brandtrap? *Vaar is het pol-eet-see boorow/de noat-owt-khang/de brant-trap?*
Where's the nearest fire extinguisher?	Waar is een brandblusapparaat? *Vaar is an brant blus-apparaat?*
Call the fire brigade! _____	Waarschuw de brandweer! *Vaarskoow de brant-veer!*
Call the police! _____	Bel de politie! *Bel de pol-eet-see!*
Call an ambulance! _____	Waarschuw een ziekenauto *Vaarskoow an zeeken-owtoe*
Where's the nearest phone?	Waar is een telefoon? *Vaar is an tay-la-foan?*
Could I use your phone? _____	Mag ik uw telefoon gebruiken? *Makh ik oow tay-la-foan khe-browken?*
What's the emergency number?	Wat is het alarmnummer? *Vat is het alar-em numm-er?*
What's the number for the police?	Wat is het telefoonnummer van de politie? *Vat is het tay-la-foan-numm-er fan de pol-eet-see?*

In trouble

14

14.2 Loss

I've lost my purse/ wallet	Ik ben mijn portemonee/ portefeuille verloren
	Ik ben mayen port-ta-monnay/ port-ta-feu-y fer-loaren
I left my... yesterday	Ik ben gisteren mijn...vergeten
	Ik ben khistera mayen...fer-khayta
I left my...here (an object that "lies")	Ik heb hier mijn...laten liggen
	Ik hep mayen...laata likh-khen
I left my...here (an object that stands)	Ik heb hier mijn...laten staan
	Ik hep mayen...laata staan
Did you find my...?	Heeft u mijn...gevonden?
	Hayft-oo mayen...khe-fonden?
It was right here	Het was hier
	Het was heer
It's quite valuable	Het is zeer kostbaar
	Het is zayr kostbaar
Where's the lost property office?	Waar is het bureau gevonden voorwerpen?
	Vaar is het boo-row khe-fonden foar-verpen?

14.3 Accidents

There's been an accident	Er is een ongeluk gebeurd
	Air is an on-khe-luk khe-boo-ert
Someone's fallen into the water	Er is iemand in het water gevallen
	Air is eemant in het vaater khe-fallen
There's a fire	Er is brand
	Air is brant
Is anyone hurt?	Is er iemand gewond?
	Is-air eemant khe-wond?
Some people have been/No one's been injured	Er zijn/Er zijn geen gewonden
	Air zayen/Air zayen khayn khe-wonden
There's someone in the car/train still	Er zit nog iemand in de auto/trein
	Air zit nokh eemant in de owtoe/trayen
It's not too bad. Don't worry	Het valt wel mee. Maakt u zich geen zorgen
	Het falt vel may. Maakt-oo zikh khayn zorkhen
Leave everything the way it is, please	Wilt u geen veranderingen aanbrengen
	Vilt-oo khayn fer-ander-inga aan-brenga
I want to talk to the police first	Ik wil eerst met de politie praten
	Ik vil ayrst met de pol-eet-see praaten
I want to take a photo first	Ik wil eerst een foto nemen
	Ik vil ayrst an foto naymen
Here's my name and address	Hier heeft u mijn naam en adres
	Heer hayft-oo mayen naam en adress
Could I have your name and address?	Mag ik uw naam en adres weten?
	Makh ik oow naam en adress vayten?
Could I see some identification/your insurance documents?	Mag ik uw identiteitsbewijs/ verzekeringspapieren zien?
	Makh ik oow ee-dent-ee-tayts-be-wayes/fer-zekerings-pap-eer-en zeen?

In trouble

14

108

Will you act as a _____ witness?	Wilt u getuige zijn?	*Vilt-oo khetowkha zayen?*
I need the details for _____ the insurance	Ik moet de gegevens weten voor de verzekering	*Ik moot de khe-khayfens wayten for de fer-zaykering*
Are you insured? _____	Bent u verzekerd?	*Bent-oo fer-zaykerd?*
Third party or _____ comprehensive?	WA of all risk?	*Way Ah of all risk?*
Could you sign here, _____ please?	Wilt u hier uw handtekening zetten?	*Vilt-oo heer oow hant-taykening zetten?*

🔴 .4 Theft

I've been robbed _____	Ik ben bestolen	*Ik ben be-stoala*
My...has been stolen _____	Mijn...is gestolen	*Mayen...is khe-stoala*
My car's been _____ broken into	Mijn auto is opengebroken	*Mayen owtoe is oapakhebroaka*

🔴 .5 Missing person

I've lost my child/ _____ grandmother	Ik ben mijn kind/oma kwijt	*Ik ben mayen kint/oama kwayet*
Could you help me _____ find him/her?	Kunt u mij helpen zoeken	*Kunt-oo maye helpen zooken?*
Have you seen a _____ small child?	Heeft u een klein kind gezien?	*Hayft-oo an klayen kint khe-zeen?*
He's/she's...years old _____	Hij/zij is...jaar	*Haye/zaye is...yaar*
He's/she's got _____ short/long/blond/red/ brown/black/ grey/curly/ straight/frizzy hair	Hij/zij heeft kort/lang/blond/ rood/bruin/zwart/grijs/krullend/steil/ kroezend haar	*Haye/zaye hayft kort/lang/ blont/roat/brown/zvart/khrayes/krul-lent/stayel/kroozent haar*
with a ponytail _____	met een paardenstaart	*met an paardenstaart*
with plaits _____	met vlechten	*met flekhten*
in a bun _____	met een knotje	*met an ke-not-ya*
He's/she's got _____ blue/brown/green eyes	De ogen zijn blauw/bruin/ groen	*De oa-khen zayen blough/ brown/khroo-en*
He's wearing swimming ___ trunks/climbing boots	Hij draagt een zwembroekje/ bergschoenen	*Haye draagt an zvem-brook-ya/bair-ekh-skhoonen*
He/she wears glasses/is ____ carrying a bag	Hij/zij is met/zonder bril/tas	*Haye/zaye is met/zond-er bril/tas*
tall/short _____	groot/klein	*khroat/klayen*

In trouble

🔴 14

This is a photo of _____ him/her	Dit is een foto van hem/haar *Dit is an foto fan hem/haar*
He/she must be lost _____	Hij/zij is zeker verdwaald *Haye/zaye is zayker fer-dwaalt*

.6 The police

An arrest

Uw autopapieren alstublieft _____	Your vehicle documents, please
U reed te hard _____	You were speeding
U staat fout geparkeerd _____	You're not allowed to park here
U heeft de parkeermeter niet gevuld ___	Your haven't put money in the meter
Uw lichten doen het niet _____	You're lights aren't working
U krijgt een boete van... _____ guldens/franken	That's a fine of...guilders/francs
Wilt u direct betalen? _____	Do you want to pay on the spot?
U moet direct betalen _____	You'll have to pay on the spot

I don't speak Dutch/Flemish _	Ik spreek geen Nederlands/Vlaams *Ik sprayk khayn Nayderlants/Flaams*
I didn't see the sign _____	Ik heb dat bord niet gezien *Ik hep dat bort neet khe-zeen*
I don't understand_____ what it says	Ik begrijp niet wat daar staat *Ik be-khrayep neet vat daar staat*
I was only doing..._____ kilometres an hour	Ik reed maar...kilometers per uur *Ik rayd maar...keelo-mayters per oor*
I'll have my car checked ___	Ik zal mijn auto laten nakijken *Ik zal mayen owtoe laten na-kaye-ken*
I was blinded by _____ oncoming lights	Ik werd verblind door een tegenligger *Ik verd ferblint door an taykhen-likh-kher*

At the police station

I want to report a_____ collision/missing person/rape	Ik kom aangifte doen van een botsing/een vermissing/een verkrachting *Ik kom aan-khifte doo-en fan an bots-ing/an fermissing/an fer-krakhting*
Could you give a _____ statement, please?	Wilt u een procesverbaal opmaken? *Vilt-oo an prosess-fer-baal op-maken?*
Could I have a copy _____ for the insurance?	Mag ik een afschrift voor de verzekering? *Makh ik an af-skhrift for de fer-zaykering?*
I've lost everything _____	Ik ben alles kwijt *Ik ben all-es kwayet*
I don't have any money____ left. I don't know what to do	Mijn geld is op, ik ben radeloos *Mayen khelt is op, ik ben raada-loase*

In trouble

14

Could you lend me some __ money?	Kunt u mij wat geld lenen?
	Kunt-oo maye vat khelt laynen?
I'd like an interpreter, ____ please	Ik wil graag een tolk
	Ik vil khraakh an tolk
I'm innocent _____	Ik ben onschuldig
	Ik ben on-skhuldikh

Waar is het gebeurd? _____	Where did it happen?
Wat bent u kwijt? _____	What's missing?
Wat is er gestolen? _____	What's been taken?
Mag ik uw identiteitsbewijs? _____	Could I see some identification?
Hoe laat is het gebeurd? _____	What time did it happen?
Wie waren erbij betrokken _____	Who was involved?
Zijn er getuigen? _____	Are there any witnesses?
Wilt u dit invullen alstublieft _____	Fill this in, please
Hier tekenen, alstublieft _____	Sign here, please
Wilt u een tolk? _____	Do you want an interpreter?

I don't know anything ____ about it	Ik weet nergens van
	Ik vayt nerkhens fan
I want to speak to _____ someone...	Ik wil spreken met iemand van...
	Ik vil sprayken met eemant fan...
I want to speak to _____ someone from the British/Irish consulate	Ik wil spreken met iemand van het Britse/Ierse consulaat
	Ik wil sprayken met eemant fan het Brit-se/Eer-se cons-oo-laat
I want a lawyer who _____ speaks English	Ik wil een advocaat die Engels spreekt
	Ik vil an ad-voh-kaat dee Eng-els spraykt

In trouble

14

15

Word list

15

Word list English - Dutch

● **This word list is** intended as a supplement to previous chapters. In a number of cases, words not contained in this list can be found elsewhere in this book, namely alongside the diagrams of the car, bicycle, and the tent. Many food terms can be found in the Dutch–English list in 4.7.

A

English	Dutch	Pronunciation
100 grams	ons/honderd gram	ons/honderd khram
500 grams	pond/vijf honderd gram	pont/vayef honderd khram
AA	wegenwacht	vaykhenwakht
about (approximate)	ongeveer	on-khe-fayr
above	boven	boafa
abroad	buitenland	bowtenlant
accident	ongeluk	on-khe-luk
adder	adder	adder
addition	optelling	op-telling
address	adres	adress
adhesive tape	plakband	plak-bant
admission	toegang	too-khang
admission price	toegangsprijs	too-khangs-prayes
advice	advies	ad-vees
after	na	na
aftershave	aftershave	aftershave
afternoon	middag/'s middags	middakh/smiddakhs
again	opnieuw/weer	op-ni-oow/wayr
against	tegen	taykhen
AIDS	aids	aids
air-bed	luchtbed	luchtbet
air-conditioning	airconditioning	aircondishuning
air-sickness bag	kotszakje	kotszak-ya
aircraft	vliegtuig	fleekh-towkh
airmail, by	luchtpost, per	per lukht-posst
airport	vliegveld	fleekh-felt
alarm	alarm	al-ar-em
alarm clock	wekker	wekker
alcohol	alcohol	al-ko-hol
all the time	telkens	telkens
allergic	allergisch	aller-khees
alone	alleen	al-ayn
always	altijd	al-tayet
ambulance	ziekenauto	zeeken-owtoe
amount	bedrag	bedrakh
amusement park	pretpark	pret-park
anaesthetize	verdoven	ferdoafen
anchovy	ansjovis	an-shoa-vis
and	en	en
angry	boos	boase
animal	dier	deer
ankle	enkel	en-kel
answer	antwoord	ant-vort
ant	mier	meer
antibiotics	antibiotica	anti-bee-oatica
antifreeze	antivries	anti-frees
antique	antiek	anteek

anus	anus	*aan-us*
apartment	appartement	*ap-part-ament*
aperitif	aperitief	*aper-iteef*
apologies	excuses	*ek-skooses*
apple	appel	*appel*
apple juice	appelsap	*appel-sap*
apple pie	appeltaart	*appel-taart*
apple sauce	appelmoes	*appel-moos*
appointment	afspraak	*afspraak*
appointment, to make	afspraak maken	*afspraak ma-ken*
apricot	abrikoos	*abree-koase*
April	april	*aapril*
architecture	architectuur	*arkhi-tekt-oor*
area	omgeving	*om-khay-fing*
arm	arm	*ar-em*
arrange	afspreken	*afsprayken*
arrive	aankomen	*aankoamen*
arrow	pijl	*payel*
art	kunst	*koonst*
artery	slagader	*slakh-ader*
artichokes	artisjokken	*arti-shocken*
article	artikel	*art-eekel*
artificial respiration	kunstmatige ademhaling	*koonst-matikha aadem-haaling*
ashtray	asbak	*as-bak*
ask	vragen	*fraakhen*
asparagus	asperges	*as-pairsyes*
aspirin	aspirine	*as-pir-eene*
assault	aanranding	*aanranding*
at home	thuis	*towse*
at night	's avonds	*safonts*
at once	meteen	*ma-tayn*
at the back	achterin	*akhterin*
at the front (theatre)	vooraan	*foar-aan*
at the front (car)	voorin	*foar-in*
at the latest	uiterlijk	*owter-lik*
aubergine	aubergine	*oa-ber-syean*
August	augustus	*aug-ust-us*
automatic	automatisch	*owtoe-matees*
automatic (car)	automaat (auto)	*owtoe-mat/owtoe*
autumn	herfst	*her-efst*
awake	wakker	*wakker*
awning	zonnescherm	*zonne-skherm*
baby	baby	*baybee*
baby food	babyvoeding	*baybee-fooding*
baby-sitter	babyoppas	*baybee-op-pass*
back	rug	*rukh*
backpack	rugzak	*rukh-zak*
bacon	spek	*spek*
bad (accident, illness)	erg	*er-ekh*
bad (weather, service)	slecht	*slekht*
bag (large)	tas	*tas*
baker	bakker	*bakker*
balcony	balkon	*balkon*
ball	bal	*bal*
ballet	ballet	*bal-et*
banana	banaan	*banaan*

bandage	verband	*ferbant*
bank	bank	*bank*
bank (river/canal)	oever	*oofer*
bank card	bankpasje	*bank-pas-ya*
bar	bar/café	*bar/ka-fay*
bar (counter)	bar	*bar*
barbecue	barbecue	*bar-be-kyoo*
basketball, to play	basketballen	*basket-ballen*
bath	bad	*bat*
bath attendant	badmeester	*bat-mayster*
bath foam	badschuim	*bat-skh-owa-m*
bath towel	badhandoek	*bat-hantdook*
bathing cap	badmuts	*bat-muts*
bathing cubicle	badhokje	*bat-hok-ya*
bathing costume	badpak	*bat-pak*
bathroom	badkamer	*bat-kaam-er*
battery (car)	accu	*ack-oo*
battery (camera)	batterij	*batter-aye*
be bored	vervelen, zich	*zikh ferfaylen*
be in love with	verliefd zijn op	*ferleefd zayen op*
be lost	verdwalen	*ferdwalen*
be missing	ontbreken	*ontbrayken*
be mistaken	vergissen	*ferkhissen*
beans	bonen	*boanen*
beautiful	mooi	*mow-ee*
beauty parlour	schoonheidssalon	*skhoan-hayet-saalon*
bed	bed	*bet*
bee	bij	*baye*
beef	rundvlees	*runt-flayse*
beer	bier	*beer*
beetroot	biet, rode	*roada beet*
begin	beginnen	*bekhinnen*
beginner	beginner	*bekhinner*
behind	achter	*akhter*
Belgian (adj)	Belgische	*belkh-eese*
Belgian (n)	Belg	*belkh*
Belgium	België	*belkh-ee-a*
belt	riem	*reem*
bench	bank	*bank*
berth	couchette	*kooshette*
better	beter	*bayter*
bicarb	zuiveringszout	*zowferings-zowt*
bicycle	fiets/rijwiel	*feets/raye-weel*
bikini	bikini	*bik-ini*
bill	rekening	*ray-ken-ing*
birthday	verjaardag	*fer-yaar-dakh*
biscuit	koekje	*kook-ya*
biscuits	koekjes	*kook-yas*
bite	bijten	*bayeten*
bitter	bitter	*bit-ter*
black	zwart	*zwart*
bland	flauw	*fl-ough*
blanket	deken	*dayken*
bleach	blonderen	*blond-ayren*
blister	blaar	*blaar*
blonde	blond	*blond*
blood	bloed	*blood*

blood pressure	bloeddruk	blooddruk
bloody nose	bloedneus	bloodn-eu-s
blouse	blouse	bloos
blow-dry	föhnen	f-eu-nen
blue	blauw	bl-ough
blunt (knife)	bot (mes)	bot (mess)
boat	boot	boat
body	lichaam	likhaam
body milk	bodymilk	bodymil-ek
boil	water koken	vaater koaken
boiled	gekookt	khe-koakt
bonbon	bonbon	bonbon
bone	bot	bot
bonnet	motorkap	motorkap
book (a seat/table)	reserveren	reser-vayren
book (n)	boek	book
book (v)	bespreken	be-sprayken
booked	gereserveerd	khe-reser-vayrt
booking office	bespreekbureau	be-sprayk-booroa
bookshop	boekhandel	book-handel
border	grens	khrens
boring	saai	saaye
born	geboren	kheboren
borrow	lenen van	laynen fan
botanical garden	botanische tuin	botan-ische town
both	allebei	all-e-baye
bottle	fles	fless
bottle-warmer	flessenwarmer	flessen-varmer
box	doos	doase
box (theatre)	loge	lozya
boy	jongen	yongen
bra	beha	bay-haa
bracelet	armband	ar-em-bant
braised	gestoofd	khe-stoafd
brake	rem	rem
brake fluid	remvloeistof	rem-floo-ee-stof
brake oil	remolie	rem-oalee
brass	(geel-) koper	(khayl-) koaper
bread	brood	broat
break (a leg)	(een been) breken	(an bayn) brayken
breakfast	ontbijt	ontbayet
breast	borst	borst
briefs	broekje/slipje	brook-ya/slip-ya
bring	brengen	brengen
brochure	brochure	brosh-oora
broken	stuk/kapot	stuk/kapot
broth (soup)	bouillon (soep)	bool-yon (soup)
brother	broer	broo-er
brown	bruin	brown
bruise	kneuzen	ke-neuzen
brush	borstel	borstel
Brussels sprouts	spruitjes	sprowt-yas
bucket	emmer	em-mer
bug	beestje	bayst-ya
bugs	ongedierte	on-khe-deer-ta
building	gebouw	khebough
buoy	boei	boo-ee

bureau de change	wisselkantoor	*visselkantoor*
burglary	inbraak	*inbraak*
burn (v)	branden	*branden*
burn (n)	brandwond	*brantwont*
burnt	aangebrand	*aankhebrant*
bus (service)	bus (lijndienst)	*bus (layen-deenst)*
bus station	busstation	*bus-stasyon*
bus stop	bushalte	*bus-halte*
business class	business class	*business class*
business trip	zakenreis	*zaakenrayes*
busy	druk	*druk*
butter	boter	*boater*
buttered roll	gesmeerd broodje	*khe-smeert broat-ya*
button	knoop (on coat)/ knop(je)	*ke-noap/ke-nop-ye*
buy	kopen	*koapen*

C

cabbage	kool	*koal*
cabin	hut (on board ship)	*hut*
café	café	*kaf-fay*
cake (slice)	gebakje	*khe-bak-ya*
cake (whole)	taart	*taart*
cake shop	banketbakkerij	*banket-bak-er-aye*
call	telefoneren	*taylafoan-ayren*
camera (mostly video)	camera	*kam-era*
camera (photo)	fototoestel	*foto-toostel*
camp	kamperen	*kamp-ayren*
camp fire	kampvuur	*kamp-foor*
camp shop	kampwinkel	*kamp vinkel*
camp site	camping	*kemping*
camping gas (butane)	campinggas (butaan)	*komping-khaz (bootaan)*
camping gas (propane)	campinggas (propaan)	*kemping-khaz (proapaan)*
camping guide	kampeergids	*kampayrkhids*
camping permit	kampeervergunning	*kampayr-fer-khunning*
canal trip boat	rondvaartboot	*rond-faart-boat*
cancel	annuleren	*an-noo-layren*
candle	kaars	*kaars*
canoe (n)	kano	*kanoa*
canoe (v)	kanoën	*kanoa-en*
car	auto/wagen	*owtoe/vaakhen*
car deck	autodek	*owtoe-dek*
car documents	autopapieren	*owtoe-papeeren*
car seat	autozitje	*owtoe-zit-ya*
car trouble	pech/motorpech	*pekh/motorpekh*
carafe	karaf	*kar-af*
caravan	caravan	*ker-ef-an*
cardigan	vest	*vest*
careful	voorzichtig	*forzikhtikh*
carrot	wortel	*vortel*
cartridge	cassette (foto)	*kas-set-ta*
cascade	waterval	*vaaterval*
cash desk	kassa	*kassa*
casino	casino	*kas-eeno*

cassette	cassette	*kas-set-ta*
castle	kasteel	*kas-tayl*
cat	poes	*poos*
catalogue	catalogus	*kat-al-oa-khus*
cathedral	kathedraal	*kat-a-dral*
cauliflower	bloemkool	*bloom-koal*
cave	grot	*khrot*
CD	cd	*say-day*
celebrate	feestvieren	*fayst-feeren*
cemetery	kerkhof	*kerk-hof*
centimetre	centimeter	*senti-mayter*
central heating	centrale verwarming	*sentrale- ferwarming*
centre	in het midden	*in het midden*
centre (town)	centrum	*sentrum*
chair	stoel	*stool*
chambermaid	kamermeisje	*kamer-mays-ya*
chamois leather	zeem	*zaym*
champagne	champagne	*sham-pan-ya*
change (trains)	overstappen	*oaferstappa*
change (plans)	wijzigen	*wayezikhen*
change (back)	wisselgeld/geld terug	*visselkhelt/khelt terukh*
change (money)	wisselen	*vissela*
change the baby's nappy	baby verschonen	*bayby ferskhoanen*
change the oil	olie verversen	*oalee ferfersen*
chapel	kapel	*ka-pel*
charter flight	chartervlucht	*sharter-flucht*
chat up	versieren	*fer-seeren*
check	controleren	*controlayren*
check in	inchecken	*inshecken*
cheers	proost	*proast*
cheese, tasty/mild	kaas, oude/jonge	*kaas, oud-a/yong-a*
chef	chef	*shef*
chemist (dispensing)	apotheek	*apotayk*
chemist (not dispensing)	drogist	*droa-khist*
cheque	cheque	*sheck*
cherries	kersen	*kairsen*
chewing gum	kauwgum	*kough-khum*
chicken	kip	*kip*
chicory	witlof	*vitlof*
child	kind	*kint*
child's cycle seat	fietszitje	*feetszit-ya*
chilled	gekoeld	*khe-koolt*
chin	kin	*kin*
chips	patates frites	*pat-at freet*
chocolate	chocolade	*shoa-ko-laa-de*
choose	kiezen	*keezen*
chop	kotelet	*kot-e-let*
church	kerk	*kerk*
church service	kerkdienst	*kerk-deenst*
cigar	sigaar	*sikhaar*
cigar shop	sigarenwinkel	*sikhaar-ren-vinkel*
cigarette	sigaret	*sikhar-ret*
cigarette carton	slof cigaretten	*slof sikhar-etta*
cigarette paper	vloei	*floo-ee*
cine camera	film camera	*fil-em kam-era*
circle	cirkel	*sirkel*

circle (theatre)	balkon	bal-kon
circus	circus	sirkus
city	(groot) stad	(khroat) stat
classical concert	klassiek concert	klasseek konsairt
clean	schoon	skhoan
clear	duidelijk	dowdelik
clearance	opruiming	op-rowming
climbing boots	bergschoenen	berkhskhoonen
closed	dicht	dikht
closed off (road)	afgesloten (rijweg)	af-khe-sloaten (raye-vekh)
clothes	kleren	klayren
clothes hanger	kleerhanger	klayrhanger
clothes peg	wasknijper	was-ke-nayeper
clothing	kleding	klayding
clothing size	maat (kleding)	maat
coach	bus (touringcar)	bus (tooringcar)
coat	jas	yas
cockroach	kakkerlak	kakkerlak
cod	kabeljauw	kabel-yough
coffee	koffie	koffee
coffee filter	koffiefilter	koffee-filter
cognac	cognac	kon-yak
cold (adj)	koud	kowt
cold (n)	verkoudheid	ferkowt-hayet
cold cuts	vleeswaren	flaysvaren
collarbone	sleutelbeen	sl-eu-telbayn
colleague	collega	koll-aykha
collision	aanrijding/ botsing	an-raye-ding/ botsing
cologne	eau de toilette	oa-de twa-let
colour	kleur	kl-eu-r
colour pencils	kleurpotloden	kl-eu-r-pot-loaden
colour tv	kleuren-tv	kl-eu-ren-tay-fay
colouring book	kleurboek	kl-ou-r-book
comb	kam	kam
come	komen	koamen
come back	terugkomen	terukh-koamen
communion (mass)	mis	miss
compartment	coupé	coup-ay
complaint	klacht	klakht
complaints book	klachtenboek	klakhtenbook
completely	helemaal	hay-le-maal
compliment	compliment	komp-lee-ment
compulsory	verplicht	ferplikht
concert	concert	konsairt
concert hall	concertgebouw	konsairt-khebow
concussion	hersenschudding	hersenskhudding
condensed milk	koffiemelk	koffee-mel-ek
condom	condoom	kondoam
congratulate	feliciteren	fay-lis-itayren
connection	verbinding	ferbinding
constipation	constipatie	konstipaatsee
consulate	consulaat	konsoolaat
consultation	consultatie	konsult-aasee
contact lens	contactlens	kontaktlens
contact lens solution	contactlensvloeistof	kontaktlens-floo-ee-stof

contagious	besmettelijk	*be-smet-a-lik*
contraceptive	voorbehoedmiddel	*foar-behood-middel*
contraceptive pill	anticonceptiepil	*anti-konsept-see-pill*
cook (n)	kok	*kok*
cook (v)	eten koken	*ayten koaka*
cookies	koekjes	*kook-yas*
copper	(rood-) koper	*(road-) koaper*
copy	kopie	*kopee*
corkscrew	kurkentrekker	*kurken-trekker*
corner	hoek	*hook*
cornflour	maïzena	*may-ee-zayna*
correct	correct	*korrekt*
correspond	corresponderen	*korrespondayren*
corridor	gang	*khang*
costume	kostuum	*kostoom*
cot	kinderbedje	*kinderbet-ya*
cotton	katoen	*katoon*
cotton wool	watten	*vatten*
cough	hoest	*hoost*
cough mixture	hoestdrank	*hoostdrank*
counter	balie	*baal-ee*
country	land	*lant*
country code	landnummer	*lant-nummer*
countryside	platteland	*plat-a-lant*
courgette	courgette	*koor-syette*
course	kuur	*koor*
cousin (female)	nicht	*nikht*
cousin (male)	neef	*nayf*
crab	krab	*krab*
cream (hands)	crème	*krem*
cream (milk)	room	*roam*
credit card	creditcard	*creditcard*
crisps	chips	*ships*
croissant	croissant	*kwassant*
cross the road	oversteken	*oaferstayka*
crossing (road)	kruispunt	*krowsepunt*
crossing (ferry)	overtocht	*oafertocht*
cry	huilen	*howlen*
cubic metre	kubieke meter	*koo-beek-a mayter*
cucumber	komkommer	*kom-kommer*
cuddly toy	knuffelbeest	*ke-nuffel-bayst*
cuff links	manchetknopen	*manshet-ke-nopen*
culottes	broekrok	*brook-rok*
cup	kopje	*kop-ya*
curly	krullend	*krullent*
current (water)	stroming	*stroaming*
cushion	kussentje	*kus-sent-ya*
custard	vla	*fla*
customary	gebruikelijk	*khe-brow-kelik*
customs	douane	*doo-an-a*
customs check	douanecontrole	*doo-an-a-kontrola*
cut (scissors)	knippen	*ke-nippen*
cut (knife)	snijden	*snaye-den*
cutlery	bestek	*bestek*
cycle	fiets/rijwiel	*feets/raye-weel*
cycle pump	fietspomp	*feets-pomp*

| cycle repairer | fietsenmaker | *feetsenmaker* |
| cycling | fietsen | *feetsen* |

D

dairy	zuivel	*zowvel*
damaged	beschadigd	*be-skhadikht*
dance	dansen	*dansa*
dandruff	roos	*roas*
danger	gevaar	*khe-faar*
dangerous	gevaarlijk	*khe-faar-lik*
dark	donker	*donker*
date	afspraakje	*af-spraak-ya*
daughter	dochter	*dokhter*
day	dag	*dakh*
day after tomorrow	overmorgen	*oafermorkha*
dead	dood	*doat*
decaffeinated	cafeïnevrij	*ca-fay-ee-na-vraye*
December	december	*day-sember*
deck chair	strandstoel	*strant-stool*
declare (for customs)	aangeven (bij douane)	*aan-khayfen (baye doo-an-a)*
deep	diep	*deep*
deep-sea diving	diepzeeduiken	*deepzay-dowken*
deep-freeze	diepvries	*deepfrees*
degrees	graden	*khraden*
delay	vertraging	*fertrakhing*
delicious	voortreffelijk	*foar-treffelik*
dentist	tandarts	*tand-arts*
dentures	kunstgebit	*kunst-khebit*
deodorant	deodorant	*day-oaderant*
department	afdeling	*af-dayling*
department store	warenhuis	*varen-howse*
departure	vertrek	*fertrek*
departure time	vertrektijd	*fertrek-tayet*
depilatory cream	ontharingscrème	*onthaarings-krem*
deposit	in bewaring	*in be-vaaring*
deposit (n)	borgsom	*borkh-som*
dessert	dessert	*dess-air*
destination	bestemming	*bestemming*
develop	ontwikkelen	*ontvikkela*
diabetic	suikerpatiënt	*sowker-pas-ee-ent*
dial	(nummer) draaien	*(nummer) draay-en*
diamond	diamant	*dee-a-mant*
diarrhoea	diarree	*dee-a-ray*
dictionary	woordenboek	*woordenbook*
diesel	diesel	*dee-sel*
diesel oil	dieselolie	*deesel-oalie*
diet	dieet	*dee-ayt*
difficulty	moeilijkheid	*moo-ee-lik-hayet*
dine	dineren	*deen-ayren*
dining room	eetzaal	*ayt-zaal*
dining/buffet car	restauratiewagen	*restoraat-see vagon*
dinner (informal)	avondeten	*afont-ayta*
dinner (formal)	diner	*din-ay*
dinner jacket	smoking	*smoking*
direction	richting	*rikhting*
directly	rechtstreeks	*rekht-strayks*

Word list

15

dirty	vies	*fees*
disabled	invalide	*in-fal-eeda*
disco	disco	*disco*
discount	korting	*korting*
dish	gerecht	*khe-rekht*
dish of the day	dagschotel	*dakh-skhoatel*
disinfectant	ontsmettingsmiddel	*ont-smettings-middel*
distance	afstand	*af-stant*
distilled water	gedistilleerd water	*khe-dis-still-ayrt vaater*
disturb	storen	*stoaren*
disturbance	storing	*stoaring*
dive	duiken	*dowken*
diving	duiksport	*dowksport*
diving board	duikplank	*dowkplank*
diving gear	duikuitrusting	*dowk-owt-rusting*
divorced	gescheiden	*khe-skhaye-den*
DIY shop	doe-het-zelfzaak	*doo-het-zelf-zaak*
dizzy	duizelig	*dowzelikh*
do	doen	*doon*
doctor	arts/dokter	*arts/dokter*
dog	hond	*hont*
doll	pop	*pop*
domestic (flight)	binnenlands (vlucht)	*binna-lants (flucht)*
done	gaar	*khaar*
door	deur	*d-eu-r*
double	tweepersoons	*tway-persoans*
down	(naar) beneden	*(naar) benayda*
draught	tocht	*tokht*
draughts, to play	dammen	*damma*
dream	dromen	*droama*
dress	jurk	*yurk*
dressing gown	ochtendjas	*ochtend-yas*
drink (n)	drankje	*drank-ya*
drink (v)	drinken	*drinken*
drinking chocolate (cold)	koude chocolademelk	*kowda syoa-ko-laa-de-mel-ek*
drinking chocolate (hot)	warme chocolademelk	*varma syoa-ko-laa-de-mel-ek*
drinking water	drinkwater	*drinkwater*
drive	rijden (in auto)	*rayeden (in owtoe)*
driver	chauffeur	*show-f-eu-r*
driving licence	rijbewijs	*raye-be-wayes*
drought	droogte	*droakhte*
dry	droog	*droakh*
dry (v)	drogen	*droakhen*
dry-clean	stomen	*stoamen*
dry-cleaner's	stomerij	*stoamer-aye*
dry shampoo	droogshampoo	*droakh-shampoa*
dummy	fopspeen	*fop-spayn*
during	tijdens	*taye-dens*
during the day	overdag	*oafer-dakh*
Dutch (female)	Nederlandse	*Nay-der-lantse*
Dutch (male)	Nederlander	*Nay-der-lander*
Dutch National Health	ziekenfonds	*zeeken-fonts*

E

ear	oor	oar
eardrops	oordruppels	oar-drupples
ear, nose, and throat specialist (ENT)	keel-, neus-, en oorarts	kayl-, n-eu-s, en oar-arts
earache	oorpijn	oar-payen
early	vroeg	frookh
earrings	oorbellen	oar-bellen
earth	aarde (grond)	aarda (khront)
earthenware	aardewerk	aardaverk
east	oost	oast
easy	gemakkelijk	khe-mak-kelik
eat	eten	ayten
eczema	eczeem	ek-zaym
eel	paling	pa-ling
egg	ei	aye
elastic band	elastiekje	elas-teek-ya
electric	elektrisch	elektrees
electricity	stroom	stroom
embassy	ambassade	ambassaade
emergency brake	noodrem	noat-rem
emergency exit	nooduitgang	noat-owt-khang
emergency number	alarmnummer	alar-em-nummer
emergency phone	praatpaal	praat-paal
emergency triangle	gevarendriehoek	khe-faaren-dree-hook
emery board	nagelvijl	nakhel-vayel
empty	leeg	laykh
engaged	bezet	be-zet
engaged (on phone)	in gesprek	in khe-sprek
English	Engels	Eng-els
enjoy	genieten	khe-neeton
entertainment guide	uitgaanskrant	owt-khaans krant
envelope	envelop	en-vel-op
escort	escortguide	eskort-gayd
evening	avond	afont
evening wear	avondkleding	afont-klayding
event	evenement	ay-vena-ment
everything	alles	al-les
everywhere	overal	oafer-al
examine (medical)	onderzoeken (medisch)	onder-zooken (maydees)
excavation	opgravingen	op-khrafingen
excellent	uitstekend	owt-staykent
exchange	ruilen	row-len
exchange office	wisselkantoor	vissel-kantoor
exchange rate	geldkoers/ wisselkoers	khelt-koors/ visselkoors
excursion	excursie	eks-kur-see
exhibition	tentoonstelling	ten-toan-stelling
exit	uitgang	owt-khang
expenses	onkosten	on-kosten
expensive	duur	doo-er
explain	uitleggen	owt-lekh-ken
express	sneltrein	snel-trayen
external	uitwendig	owt-wendikh
eye	oog	oakh
eye drops	oogdruppels	oakh-druppels

Word list

15

English	Dutch	Pronunciation
eyeshadow	oogschaduw	*oakh-skhadoow*
eye specialist	oogarts	*oakh-arts*
eyeliner	eyeliner	*eyeliner*

F

English	Dutch	Pronunciation
face	gezicht/gelaat	*khe-zikht/khe-laat*
factory	fabriek	*fab-reek*
fair	kermis	*kair-mis*
fall	vallen	*falla*
family	gezin	*khe-zin*
famous	beroemd	*be-roomt*
far away	ver weg	*fer vekh*
farm	boerderij	*boo-er-der-aye*
farmer	boer	*boo-er*
farmer's wife	boerin	*boo-erin*
fashion	mode	*moada*
fast	snel	*snel*
father	vader	*faa-der*
fault	schuld	*skhuld*
fax (v)	faxen	*fax-en*
February	februari	*feb-roo-aree*
feel	voelen	*foolen*
feel like	zin hebben	*zin hebba*
fence	hek	*hek*
ferry	pont/veer	*pont/vayr*
fever	koorts	*koarts*
fill (tooth)	(kies) vullen	*(kees) fullen*
fill out	invullen	*in-fullen*
filling (tooth)	(kies) vulling	*(kees) fulling*
film (cinema)	film	*fil-em*
film (camera)	fotorolletje	*foto-roll-etya*
filter	filter	*filt-er*
find	vinden	*finden*
fine	bekeuring	*be-k-eu-ring*
finger	vinger	*finger*
fire (emergency)	brand	*brant*
fire (in fireplace)	vuur	*foor*
fire brigade	brandweer	*brant-vayr*
fire escape	brandtrap	*brant-trap*
fire extinguisher	brandblusapparaat	*brant-bluss-aparaat*
first	eerste	*ayrste*
first aid	eerste hulp	*ayrste hulp*
first class	eerste klas	*ayrste klas*
fish (n)	vis	*fis*
fish (v)	vissen	*fissen*
fishing rod	hengel	*hengel*
fit	passen/de goede maat zijn	*passen/de khooda maat zayen*
fitness centre	fitnesscentrum	*fitness-sentrum*
fitness training	fitnesstralning	*fitness-training*
fitting room	paskamer	*pas-kaamer*
fix (repair)	maken	*maaken*
fix (tyre)	(band) plakken	*(bant) plakken*
flag	vlag	*flakh*
Flanders	Vlaanderen	*Flaandera*
flash bulb	flitslampje	*flits-lamp-ya*
flash cube	flitsblokje	*flits-blok-ya*

Word list

15

flash gun	flitser	flits-er
flat	flat	flet
flea market	vlooienmarkt	floo-yen-markt
Fleming	Vlaming	Flaaming
Flemish	Vlaamse	Flaamse
flight	vlucht	flukht
flight number	vluchtnummer	flukhtnummer
flood	overstroming	oafer-stroaming
floor	etage/verdieping	aytaazye/fer-deeping
flounder	bot	bot
flour	meel	mayl
flu	griep	khreep
fly (aircraft)	vliegen	fleekhen
fly (insect)	vlieg	fleekh
fly-over	viaduct	vee-aaduct
fog	mist	mist
foggy	misten	misten
folding caravan	vouwcaravan	fow-ker-e-fan
folkloristic	folkloristisch	folk-lor-istees
follow	volgen	fol-khen
food	levensmiddelen	layfensmiddelen
food	voedsel	foodsel
food poisoning	voedselvergiftiging	foodsel-ferkhiftikhing
foot	voet	foot
football	voetballen, het	footballen, het
for	voor	for
for hire	te huur	te hoor
forbidden	verboden	ferboaden
forehead	voorhoofd	foar-hoaft
foreign	buitenlands	bowtenlants
forget	vergeten	fer-khayt-en
fork	vork	for-ek
form	formulier	form-oo-leer
fort	fort	fort
forward	doorsturen	door-stooren
fountain	fontein	fontayn
frame	montuur	montoor
franc	frank	frank
free (without charge)	gratis	khratis
free (available)	vrij	fraye
free time	vrije dag	fraya-dakh
freeze	vriezen	freezen
French	Frans	Frans
French bread	stokbrood	stokbroad
fresh	vers	fers
Friday	vrijdag	fraye-dakh
fried	gebakken	khe-bakken
fried egg	spiegelei	speekhel-aye
friend	vriend	freent
friendly	vriendelijk	freendelik
frightened	bang	bang
fringe	pony	ponny
fruit	fruit	frowt
fruit juice	vruchtensap	frukhtensap
frying pan	koekenpan	kookenpan
full	vol	fol
fun	plezier	plezeer

G

gallery	galerie	*khaleree*
game	spelletje	*spell-et-ya*
garage	garage	*khara-zya*
garden	tuin	*town*
gastro-enteritis	maag- en darmstoornis	*maakh en dar-em-stoornis*
gauze	verbandgaas	*ferbant-khaaz*
gear	versnelling	*fersnelling*
gel	gel	*zyel*
German	Duits	*Dowts*
get married	trouwen	*trowen*
get off	uitstappen	*owtstappen*
gift	geschenk	*khe-skhenk*
gilt	verguld	*fer-khult*
ginger	gember	*khember*
girl	meisje	*mayes-ya*
girlfriend	vriendin	*freendin*
giro card	giropasje	*kheero-pass-ya*
giro cheque	girobetaalkaart	*kheero-betaal-kaart*
glacier	gletsjer	*khlets-yer*
glass	glas	*khlas*
glasses (spectacles)	bril	*bril*
glide	zweefvliegen	*zwayf-fleekhen*
glove	handschoen	*hant-skhoon*
glue	lijm	*layem*
gnat	mug	*mukh*
go	gaan	*khaan*
go back	teruggaan	*terukh-khan*
go out	uitgaan	*owt-khan*
goat's cheese	geitenkaas	*khey-ten-kaas*
gold	goud	*khowd*
golf course	golfbaan	*kholf-baan*
gone	weg	*vekh*
good afternoon	goedemiddag	*khooda-middakh*
good evening	goedenavond	*khooda-afont*
good morning	goedemorgen	*khooda-morkha*
good night	goedenacht	*khooda-nakht*
goodbye (n)	afscheid	*af-skhayet*
goodbye	dag/tot ziens	*dakh/tot zeens*
gram	gram	*khram*
grandchild	kleinkind	*klayen-kint*
grandfather	opa	*oapa*
grandmother	oma	*oama*
grape juice	druivensap	*drowfen-sap*
grapefruit	grapefruit/pompelmoes	*grapefroot/pompel-moos*
grapes	druiven	*drowfen*
grass	gras	*khras*
grave	graf	*khraf*
grease	vet	*fet*
green	groen	*khroon*
green card	groene kaart	*kroona kaart*
greet	begroeten	*be-khrooten*
grey	grijs	*khrayes*
grill	grillen	*khrillen*
grilled	geroosterd	*khe-roastert*

grocer	kruidenier	krowdeneer
ground	grond	khront
group	groep	khroop
guide	gids	khids
guided tour	rondleiding	ront-layeding
guilder	gulden	khulden
gynaecologist	vrouwenarts	frowenarts

H

hair	haar	haar
hair spray	haarlak	haarlak
hairbrush	haarborstel	haarborstel
hairdresser (women's/ men's)	kapper (dames/ heren)	kapper (daam-es/hayr-en)
hairpins	haarspelden	haar-spelden
half	helft	hel-eft
half full	halfvol/halfleeg	hal-ef-fol/hal-ef-laykh
ham, boiled	gekookte ham	khe-koakta ham
ham, raw	rauwe ham	row-a ham
hammer	hamer	haamer
hand	hand	hant
hand brake	handrem	hant-rem
handbag	handtas	hant-tas
handkerchief	zakdoek	zakdook
handmade	handgemaakt	hand-khe-maakt
happy	blij	blaye
harbour	haven	haafen
hard	hard	hard
hat	hoed	hood
hat (woollen)	muts	muts
have one's birthday	jarig zijn	yarikh zayen
hay fever	hooikoorts	hoy-ee-koarts
hazelnut	hazelnoot	ha-zel-noat
head	hoofd	hoaft
headache	hoofdpijn	hoaft-payen
health	gezondheid	khe-zont-hayt
health food shop	horen	hoaren
hear	verstaan	ferstaan
hearing aid	gehoorapparaat	khe-hoar-aparaat
heart	hart	hart
heating	verwarming	fer-varming
heavy	zwaar	zwaar
heel	hak	hak
hello	dag/hallo	dakh/hallo
helmet	helm	hel-em
help (v)	helpen	helpen
help (n)	hulp	hul-ep
helping	portie	por-see
herbal tea	kruidenthee	krowden-tay
herbs	kruiden	krowden
here	hier	heer
here you are (in response)	alstublieft	als-too-bleeft
herring	haring	haaring
high	hoog	hoakh
high tide	vloed	floo-ed
highchair	kinderstoel	kinder-stool

Word list

15

hiking	wandelsport	vandel-sport
hiking trip	trektocht	trek-tokht
hip	heup	h-eu-p
hire	huren	hoo-ren
hitchhike	liften	liften
hobby	hobby	hobby
hold-up (robbery)	overval	oafer-fal
holiday (festival)	feestdag	fayst-dakh
holiday (vacation)	vakantie	vak-ant-see
holiday home	(vakantie-) huisje	(vak-ant-see-) howse-ya
holiday park	bungalowpark	bun-khalow-par-ek
Holland	Nederland	Nayderlant
homesickness	heimwee	hayemvay
honest	eerlijk	ayrlik
honey	honing	hoaning
horizontal	horizontaal	horizontaal
horrible	afschuwelijk	af-skhoo-wa-lik
horse	paard	paart
hospital	ziekenhuis	zeekenhowse
hospitality	gastvrijheid	khast-fraye-hayet
hot	pikant	pee-kant
hot	warm	var-em
hotel	hotel	hoatel
hot-water bottle	kruik	krow-k
hour	uur	oor
house	huis	howse
household items	huishoudelijke artikelen	howse-howd-a-lika artee-ke-len
Houses of Parliament	parlementsgebouw	parlements-khebough
housewife	huisvrouw	howse-frough
how far?	hoe ver?	hoo-fair?
how long?	hoe lang?	hoo lang?
how much?	hoeveel?	hoo-fayl?
how?	hoe?	hoo
hungry, be	honger hebben	hong-er hebben
hurricane	orkaan	orkaan
hurry	haast	haast
husband	echtegenoot/man	ekht-khe-noat/man
hut	hut	hut
hyperventilation	hyperventilatie	heeper-fen-tilaat-see

I

ice cubes	ijsblokjes	ayes-blok-yas
ice skate	schaatsen	skhaatsen
ice-cream	ijs	ayes
idea	idee	eeday
identification	identiteitsbewijs	eedentitayets-bevayes
identify	identificeren	eedentifisayren
ignition key	contactsleutel	kontakt-sl-eu-tel
ill	ziek	zeek
illness	ziekte	zeek-ta
imagine (something)	zich voorstellen (iets)	zikh foar-stellen
immediately	onmiddelijk	on-middelik
import duty	invoerrechten	infoor-rechten
impossible	onmogelijk	on-moa-khelik
in	in	in

English	Dutch	Pronunciation
in the evening	's avonds	safonts
in the morning	's morgens	smorkhens
included	inclusief	in-kloose-eef
indicate	aanwijzen	aanwaye-zen
indicator	richtingaanwijzer	rikhting-aanwaye-zer
industrial art	kunstnijverheid	kunst-naye-ferhayet
inexpensive	goedkoop	khood-koap
infection, bacterial/viral	infectie, bacterie-/ virus-	infect-see, bactayree/veerus
inflammation	ontsteking	ont-stayking
information	informatie	inform-aat-see
information office	inlichtingenbureau	inlikhting-en-boorow
injection	injectie	in-yekt-see
injured	gewond	khe-wont
inner ear	binnenoor	binnen-oar
inner tube	binnenband	binnen-bant
innocent	onschuldig	on-skhuldikh
insect	insect	in-sect
insect bite	insectebeet	insecta-bayt
insect repellent	muggenolie	mukh-khen-oalie
inside	binnen	binnen
insole	inlegzool	inlekh-zoal
instructions	gebruiksaanwijzing	khe-browkse-aanwaye-zing
insurance	verzekering	fer-zaykering
intermission	pauze	powze
international	internationaal	inter-nashun-al
interpreter	tolk	tol-ek
intersection	kruising	krowse-ing
introduce oneself	zich voorstellen aan	zikh forstellen aan
invite	uitnodigen	owt-noadikhen
iodine	jodium	yoadium
Irish	Ierse	Eerse
iron (metal)	ijzer	ayezer
iron (for ironing)	strijkbout	strayek-bowt
iron (v)	strijken	straye-ken
ironing board	strijkplank	strayek-plank
island	eiland	eye-lant
Italian	Italiaans	Ital-ee-aans
itch	jeuk	y-eu-k
item of clothing	kledingstuk	klayding-stuk

J

English	Dutch	Pronunciation
jack	krik	krik
jacket	jasje	yas-ya
jam	jam	syem
January	januari	yanoo-aree
jaw	kaak	kaak
jellyfish	kwal	kwal
jeweller	juwelier	yoowel-eer
jewellery	sieraden	seeraaden
jog	joggen	yokhen
joke	grap	khrap
juice	sap	sap
July	juli	yoolee
jumble sale	rommelmarkt	rommelmarkt
jump leads	startkabels	start-kaa-bels

Word list

15

129

| jumper | trui | *tr-owa* |
| June | juni | *yoonee* |

K

key	sleutel(tje)	*sl-eu-tel(tya)*
kilo	kilo	*keelo*
kilometre	kilometer	*keelo-mayter*
king	koning	*koaning*
kiss (n)	kus	*kus*
kiss (v)	kussen	*kus-sen*
kitchen	keuken	*k-eu-ken*
knee	knie	*ke-nee*
knee socks	kniekousen	*ke-nee-kowse-en*
knife	mes	*mes*
knit	breien	*braye-en*
know	weten	*wayten*

L

lace	kant	*kant*
lace (shoe)	veter	*fayter*
lake	meer, het	*mayr, het*
lamp	lamp	*lamp*
land (v)	landen	*landen*
lane	rijstrook	*raye-stroak*
language	taal	*taal*
large	groot	*khroat*
last (at the end)	laatst	*laatst*
last (the one before this)	vorig	*foarikh*
late	laat	*laat*
later	straks	*straks*
laugh	lachen	*lakhen*
launderette	wasserette	*vas-er-ette*
law	recht (juridisch)	*rekht (yoo-reedees)*
laxative	laxeermiddel	*laxeer-middel*
leak	lek	*lek*
leather	leer	*layr*
leather goods	lederwaren	*layder-waren*
leave	vertrekken	*fertrekken*
leek	prei	*praye*
left	links	*links*
left (turn)	linksaf	*links-af*
left luggage	bagagedepot	*bakhaazya-day-poh*
leg	been	*bayn*
lemon	citroen	*sit-roon*
lend	lenen aan	*laynen an*
lens	lens	*lens*
lentils	linzen	*linsen*
less	minder	*minder*
lesson	les	*les*
letter	brief	*breef*
lettuce	kropsla	*krop-sla*
level crossing	spoorwegovergang	*spoar-vekh-oafer-khang*
library	bibliotheek	*bib-lee-oh-tayk*
lie	liegen	*lee-khen*
lie	liggen	*likh-khen*
lift	lift	*lift*

Word list

15

light (for cigarette)	vuurtje	*foort-ya*
light (illumination)	licht	*likht*
lighter	aansteker	*aan-stayker*
lighthouse	vuurtoren	*foor-toren*
lightning	bliksem	*bliksem*
like (something)	houden van (iets)	*howden fan (eets)*
line	lijn	*layen*
linen	linnen	*linnen*
lipstick	lippenstift	*lippenstift*
liquorice	drop	*drop*
listen	luisteren	*lowse-teren*
literature	literatuur	*liter-a-toor*
litre	liter	*lee-ter*
little	weinig	*vayenikh*
little, a	beetje, een	*an bayt-ya*
live (inhabit)	wonen	*woanen*
live together	samenwonen	*samen-woanen*
lobster	kreeft	*krayft*
local	plaatselijk	*plaatselik*
lock	(deur)slot	*(deur)slot*
long (distance)	lang	*lang*
look	kijken	*kayeken*
look for	zoeken	*zooken*
look up	opzoeken	*op-zooken*
lorry	vrachtwagen	*frakht-vaagon*
lose	verliezen	*ferleesen*
loss	verlies	*ferlees*
lost	zoek/kwijt	*zook/kwayet*
lost item	verloren voorwerp	*ferloren foar-werp*
lost property office	gevonden voorwerpen	*khe-fonden foar-werpen*
lotion	lotion	*loashon*
loud	hard	*hard*
love (v)	houden van	*howden fan*
love (n)	liefde	*leefda*
low	laag	*laakh*
low tide	eb	*eb*
LPG	LPG	*el-pay-khay*
luck	geluk	*kheluk*
luggage	bagage	*bakhaazya*
luggage locker	bagagekluis	*bakhaazya-klowse*
lunch	lunch	*lunch*
lungs	longen	*longen*

M

macaroni	macaroni	*macaroanee*
madam	mevrouw	*mafrough*
magazine	tijdschrift	*tayedskhrift*
mail	post	*posst*
main post office	hoofdpostkantoor	*hoaftposstkantoor*
main road	grote weg	*khroata-vekh*
mains water	leidingwater	*layeding-vaater*
make love	vrijen	*frayen*
makeshift	provisorisch	*provis-or-ees*
man	man	*man*
manager	beheerder	*be-hayrder*
mandarin	mandarijn	*mandar-ayen*

manicure	manicure	mani-koor
map	landkaart	lantkaart
marble	marmer	marmer
March	maart	maart
margarine	margarine	markh-areena
marina	jachthaven	yakht-hafen
market	markt	markt
marriage	huwelijk	hoo-we-lik
married	getrouwd	khe-trowd
mass (communion)	mis	mis
massage	massage	massaazya
mat (photo)	mat	mat
match	wedstrijd	wedstrayed
matches	lucifers	looseefers
May	mei	maye
maybe	misschien	miss-kheen
mayonnaise	mayonaise	mayon-aisa
mayor	burgemeester	burkh-a-mayster
meal	maaltijd	maaltayed
mean	betekenen	be-taykenen
meat	vlees	flays
medication	geneesmiddel	khenays-middel
medicine	medicijn	may-dee-sayen
meet	ontmoeten/leren kennen	ont-mooten/layra kennen
melon	meloen	mel-oon
membership	lidmaatschap	lidmaatskhap
menstruate	ongesteld (zijn)	on-khesteld (zayen)
menstruation	menstruatie	menstrew-at-see
menu (choice)	menu	men-oo
menu (list)	menukaart	men-oo-kaart
message	boodschap	boatskhap
metal	metaal	may-taal
metre	meter (100 cm)	mayter (honderd senti-mayter)
migraine	migraine	mee-khrayna
mild	licht	likht
milk	melk	mel-ek
millimetre	millimeter	milli-mayter
milometer	kilometerteller	keelo-mayter-teller
mince	gehakt	khe-hakt
mineral water	mineraalwater	miner-al-vaater
minute	minuut	min-oot
mirror	spiegel	spee-khel
miss	missen	missen
missing person	vermiste	fermista
mistake	vergissing	ferkhissing
misunderstanding	misverstand	mis-ferstant
mixture	drankje	drank-ya
mocha	mokka	mokka
modern art	moderne kunst	moderna kunst
molar	kies	kees
moment	ogenblik	oakhen-blik
monastery	klooster	kloaster
Monday	maandag	maan-dakh
money	geld	khelt
month	maand	maant

Word list

15

English	Dutch	Pronunciation
moped	brommer	*brommer*
morning-after pill	morning-afterpil	*morning-after pill*
mosque	moskee	*moskay*
motel	motel	*moatel*
mother	moeder	*mooder*
motor caravan	camper	*kemper*
motorbike	motor/motorfiets	*mo-tor/mo-tor-feets*
motor-boat	motorboot	*motor-boat*
motor-cross	motorcrossen	*motor-crossen*
motorway	autoweg/snelweg	*owtoe-vekh/snelvekh*
mountain	berg	*berkh*
mouse	muis	*mowse*
mouth	mond	*mont*
much/many	veel	*fayl*
multi-storey car park	parkeergarage	*parkayr-kharaazya*
muscle	spier	*speer*
muscle spasms	krampen in spieren	*krampen in speeren*
museum/s	museum/musea	*moosayum/moosaya*
mushrooms	paddestoelen	*paddestool*
music	muziek	*moozeek*
musical	musical	*myoozical*
mussels	mosselen	*mossela*
mustard	mosterd	*mosterd*

N

English	Dutch	Pronunciation
nail (on hand)	nagel	*nakhel*
nail	spijker	*spaye-ker*
nail polish	nagellak	*nakhel-lak*
nail polish remover	nagellakremover	*nakhel-lak remoover*
nail scissors	nagelschaartje	*nakhel-skhaart-ya*
naked	bloot/naakt	*bloat/naakt*
name (first name)	naam (voornaam)	*naam (fornaam)*
name (surname)	naam (achternaam)	*naam (akhternaam)*
napkin	servet	*servet*
nappy	luier	*lowyer*
nationality	nationaliteit	*nashun-al-ee-tayet*
natural	natuurlijk	*natoorlik*
naturally	natuurlijk	*natoorlik*
nature	natuur	*natoor*
naturism	naturisme	*natoor-isma*
nauseous	misselijk	*misse-layek*
near	bij	*baye*
nearby	dichtbij	*dikht-baye*
necessary	nodig/noodzakelijk	*noadikh/ noadzakelayek*
neck	nek	*nek*
necklace	ketting	*ketting*
nectarine	nectarine	*nektareen*
needle	naald	*naald*
negative (photo)	negatief	*nekha-teef*
neighbours	buren	*booren*
nephew	neefje	*nayf-ya*
never	nooit	*noy-it*
new	nieuw	*nee-oow*
news	nieuws	*nee-oows*
newsstand	kiosk	*kee-osk*
newspaper	krant	*kraont*

English	Dutch	Pronunciation
next	volgende	*fol-khenda*
next to	naast	*naast*
nice (person)	aardig	*aardikh*
nice (situation)	gezellig	*khe-zellik*
nice (food)	lekker	*lekker*
niece	nichtje	*nikht-ya*
night	nacht	*nakht*
night duty	nachtdienst	*nakhtdeenst*
night-club	nachtclub	*nakhtklub*
nightlife	nachtleven	*nakhtlayfen*
no	nee	*nay*
no overtaking	inhaalverbod	*inhaalferbot*
noise	lawaai	*lawaa-ee*
non-stop	non-stop	*non-stop*
no-one	niemand	*neemant*
normal	gewoon	*khe-woan*
north	noord	*noord*
nose	neus	*n-eu-s*
nose drops	neusdruppels	*n-eu-sdruppels*
not level	niet vlak	*neet flak*
notepaper	postpapier	*posstpapeer*
nothing	niets	*nix*
November	november	*no-fember*
nowhere	nergens	*nair-khens*
nudist beach	naaktstrand	*naaktstrant*
number	nummer	*nummer*
number plate	nummerbord	*nummerbort*
nurse	verpleegster	*fer-playkhster*
nutmeg	nootmuskaat	*noatmuskaat*
nuts	noten	*noaten*

O

English	Dutch	Pronunciation
October	Oktober	*oktoaber*
off	bedorven	*bedorfen*
offer	aanbieden	*anbeeden*
office	kantoor	*kantoar*
off-licence	slijter	*slaye-ter*
oil	olie	*oalie*
oil change	olie verversen	*oalee ferversen*
oil level	oliepeil	*oaleepayel*
ointment	zalf	*zalf*
ointment (for burns)	brandzalf	*brant-zalf*
okay	akkoord	*akkord*
old	oud	*owd*
olive oil	olijfolie	*oa-layef-oalee*
olives	olijven	*oa-layef-en*
omelette	omelet	*omelet*
on	op	*op*
on board	aan boord	*aan boart*
on the right	rechtsaf	*rekhtsaf*
on the way	onderweg	*ondervekh*
oncoming car	tegenligger	*taykhenligger*
one-way traffic	eenrichtingsverkeer	*aynrikhtings-fer-kayr*
onion	ui	*ow-ye*
open	open	*oapa*
open, to	openen	*oapenen*
opera	opera	*op-ay-ra*

operate	opereren	*oper-rayren*
operator	telefoniste	*taylafoaniste*
operetta	operette	*oper-etta*
opposite	tegenover	*taykhen-oafer*
optician	opticien	*optis-ee-yen*
or	of	*of*
orange (colour)	oranje	*oran-ye*
orange (fruit)	sinaasappel	*seenas-appel*
orange juice	sinaasappelsap	*seenas-appelsap*
order (n)	bestelling	*be-stelling*
order (v)	bestellen	*be-stellen*
other	andere	*an-der-a*
other side	overkant	*oaferkant*
outside	buiten	*bowten*
over the phone	telefonisch	*taylafoanees*
overtake	inhalen	*inhaalen*
oysters	oesters	*oosters*

P

packed lunch	lunchpakket	*lunchpakket*
page	pagina	*pageena*
pain	pijn	*payen*
painkiller	pijnstiller	*payen-stiller*
paint	verf	*verf*
painting (art)	schilderkunst	*skhilderkunst*
painting (n)	schilderij	*skhilderaye*
palace	paleis	*pal-ayes*
pan	pan	*pan*
pancake	pannenkoek	*panne-kook*
pane	ruit	*rowt*
pants	(lange) broek	*(langa) brook*
panty liner	inlegkruisje	*inlekh-krowse-ya*
paper	papier	*papeer*
paraffin	petroleum	*petroa-layum*
parasol	parasol	*parasol*
parcel	pakje/(post)pakket	*pak-ya/(posst)pakket*
pardon	pardon	*pardon*
parents	ouders	*owders*
park	park	*park*
park (to)	parkeren	*parkayren*
parking space	parkeerplaats	*parkayrplaats*
parsley	peterselie	*payter-saylee*
part	onderdeel	*onder-dayl*
partition	afscheiding	*afskhayeding*
partner	partner	*partner*
partner (female)	vrouw	*frough*
partner (male)	man	*man*
party	feest/feestje	*fayst/fayst-ya*
passable	begaanbaar	*be-khaan-baar*
passenger	passagier	*passa-syeer*
passport	paspoort	*passpoart*
passport photo	pasfoto	*passfoto*
patient	patiënt	*pas-ee-ent*
pavement	trottoir	*trot-twaar*
pay	betalen	*be-taalen*
pay the bill	afrekenen	*af-raykenen*
peach	perzik	*perzik*

Word list

15

135

peanuts	pinda's	pindaas
pear	peer	payr
peas	doperwten	dop-air-ta
pedal	pedaal	ped-aal
pedicure	pedicure	pedikoor
pen	pen	pen
pencil	potlood	pot-load
penis	penis	paynis
pension	pensioen	pens-ee-oon
pepper	peper	payper
peppers (green, red)	paprika	pap-ree-ka
performance	voorstelling	foar-stelling
perfume	parfum	par-fum
perm (n)	permanent (haar)	permanent (haar)
perm (v)	permanenten	permanenten
person	persoon	persoan
personal	persoonlijk	persoanlik
petrol	benzine	benzeena
petrol (2 star)	normaal benzine	normaal benzena
petrol (4 star)	super benzine	soo-per benzeena
petrol (unleaded)	loodvrije benzine	load-fraye benzeena
petrol station	benzinestation	benzeena stas-yon
petroleum jelly	vaseline	vas-a-leena
pets	huisdieren	howse-deeren
pharmacy	apotheek	ap-oa-tayk
phone box	telefooncel	tay-la-foan-sel
phone directory	telefoongids	tay-la-foan-khids
phone number	telefoonnummer	tay-la-foan-nummer
photo	foto	foto
photocopier	kopieerapparaat	kopee-ayraparaat
photocopy	fotokopiëren	fotokopee-ayren
pick up	ophalen	ophaalen
picnic	picknick	picknick
pier	pier	peer
pigeon	duif	dowf
pill (contraceptive)	(anticonceptie-) pil	(anticonsept-see) pill
pillow	kussen	kussen
pillowcase	kussensloop	kussensloap
pin	speld	speld
pineapple	ananas	ananas
pipe	pijp	payep
pipe tobacco	pijptabak	payeptabak
pity	jammer	yammer
place of entertainment	uitgaansgelegenheid	owtkhaans-khe-laykhenhayet
place of interest	bezienswaardigheid	bezeens-vaardikh-hayet
plan	plan	plan
plan (of building)	plattegrond	plattakhront
plant	plant	plant
plasters	pleisters	playesters
plastic bag	(plastic) tasje	(plastic) tas-ya
plate	bord	bord
platform	spoor/perron	spoar/perron
play	spelen	spayla
play	toneelstuk	toanayl-stuk
play billiards	biljarten	bil-yarten
play chess	schaken	skhaken

play golf	golfen	*kholf-en*
play sport	sporten	*sporten*
play squash	squashen	*squashen*
play table tennis	tafeltennissen	*taafeltennisen*
play tennis	tennissen	*tennisen*
play volleyball	volleyballen	*volleyballen*
playground	speeltuin	*spayltown*
playing cards	speelkaarten	*spaylkaarten*
pleasant	aangenaam	*ankhe-naam*
please (requesting)	alstublieft (a.u.b.)	*als-too-bleeft*
pleasure	genoegen	*khe-nookhen*
plum	pruim	*prowm*
pocket knife	zakmes	*zakmes*
point	wijzen	*wayezen*
poison	gif	*khif*
police	politie	*pol-eet-see*
police station	politiebureau	*pol-eet-see boo-roa*
policeman	agent	*a-khent*
pond	vijver	*vayefer*
pony	pony	*ponny*
pop concert	popconcert	*popkonsairt*
population	bevolking	*befolking*
pork	varkensvlees	*varkens-flays*
port	portwijn	*port-wayen*
porter (at station)	kruier	*krow-yer*
porter (at door)	portier	*port-eer*
post box	postbus	*posst-bus*
post code	postcode	*posst-koada*
post office	postkantoor	*posstkantoor*
postage	porto	*porto*
postcard	briefkaart	*breefkaart*
postcard (picture)	ansichtskaart	*ansikhtskaart*
postman	postbode	*posst-boada*
potato	aardappel	*aard-appel*
poultry	gevogelte	*khe-foa-khelta*
powdered milk	poedermelk	*pooder-mel-ek*
power point	stopcontact	*stop-kontakt*
pram	kinderwagen	*kinder-vakhen*
prawns	garnalen	*kharnalen*
precious	dierbaar	*deerbaar*
prefer	liever hebben	*leefer hebben*
preference	voorkeur	*foark-eu-r*
pregnant	zwanger/in verwachting	*zwanger/in fer-vakhting*
present (adj)	aanwezig	*anwayzikh*
present (n)	cadeau	*kadoh*
press	indrukken	*indrukken*
pressure	druk/spanning	*druk/spanning*
price	prijs	*prayes*
price list	prijslijst	*prayes-laye-st*
print (n)	afdruk	*afdruk*
print (v)	afdrukken	*afdrukken*
probably	waarschijnlijk	*waarskhaynlik*
problem	probleem	*problaym*
profession	beroep	*beroop*
programme	programma	*prokhramma*
pronounce	uitspreken	*owtsprayken*

prune	gedroogde pruim	*khedroakhda prowm*
pudding	pudding	*pudding*
pull	trekken	*trekken*
pull a muscle	spier verrekken	*speer fer-rekken*
pure	puur	*p-oo-er*
purple	paars	*paarse*
purse	portemonnee	*porta-monnay*
push	duwen	*doowen*
puzzle	puzzel	*puz-zel*
pyjamas	pyjama	*pee-yama*

Q

quarter	kwart	*kwart*
quarter of an hour	kwartier	*kwarteer*
question	vraag	*frakh*
quick	vlug	*flukh*
quiet	rustig	*rustikh*

R

radio	radio	*rad-ee-oh*
railways	spoorwegen	*spoor-vaykhen*
rain	regen	*raykhen*
raincoat	regenjas	*raykhen-yas*
raisins	rozijnen	*roaz-aye-nen*
rape	verkrachting	*ferkrakhting*
rapids	stroomversnelling	*stroamfersnelling*
raspberries	frambozen	*framboazen*
raw	rauw	*r-ough*
raw vegetables	rauwkost	*r-ough-kost*
razor blades	scheermesjes	*skheermesjes*
read	lezen	*layzen*
ready	klaar	*klar*
really	eigenlijk	*ayekhenlik*
receipt	bon/kwitantie/bewijs	*bon/kwitant-*
	(van betaling)/reçu/	*see/bewayes (fan*
	kassabon	*betaling)/ra-soo/*
		kassabon
recipe	recept	*re-sept*
reclining chair	ligstoel	*likh-stool*
recommend	aanbevelen	*aan-befaylen*
rectangle	rechthoek	*rekhthook*
red	rood	*roat*
red wine	rode wijn	*roada wayen*
reduction	reductie	*redukt-see*
refrigerator	koelkast	*koolkast*
regards	groeten, de	*de khrootta*
region	streek/regio	*strayk/raykhee-oh*
registered	aangetekend	*ankhe-taykent*
registration	kentekenbewijs	*kentayken-be-wayes*
relatives	familie	*fam ce-lee*
reliable	betrouwbaar	*betroughbaar*
religion	geloof	*kheloaf*
rent out	verhuren	*fer-hooren*
repair	repareren	*repar-ayren*
repairs	reparatie	*repar-aatsee*
repeat	herhalen	*herhaalen*
request	verzoeken	*fer-zooken*

responsible	verantwoordelijk	*ferant-wordelik*
rest	uitrusten	*owt-rusten*
restaurant	restaurant	*restorant*
result	uitslag	*owtslakh*
retired	gepensioneerd	*khe-pens-ee-oa-nayrd*
return (ticket)	retour (kaartje)	*retoor (kaart-ya)*
reverse	achteruitrijden	*akhter-owt-rayeden*
rheumatism	reumatiek	*reumateek*
rice	rijst	*rayest*
ridiculous	onzin	*onzin*
riding (horseback)	paardrijden	*paard-raye-den*
riding school	manege	*manay-zya*
right of way	voorrang	*foar-ang*
ripe	rijp	*rayep*
risk	risico	*ris-ee-ko*
river	rivier	*riveer*
road	weg	*vekh*
roadway	rijweg	*raye-vekh*
roasted	gebraden	*khe-braden*
rock	rots	*rots*
roll	broodje	*broat-ya*
rolling tobacco	shag	*shek*
roof rack	imperiaal	*impeer-eeaal*
room	kamer	*kamer*
room number	kamernummer	*kamernummer*
room service	roomservice	*roomservice*
rope	touw	*t-ough*
rosé	rosé	*roas-ay*
roundabout	rotonde	*roat-onda*
route	route	*roote*
rowing boat	roeiboot	*roo-ee-boat*
rubber	rubber	*rubber*
rubbish (nonsense)	flauwekul	*fl-ow-wa kul*
rubbish bag	vuilniszak	*fowl-nis-zak*
rucksack	rugzak	*rukhzak*
rude	onbeleefd	*onbelayft*
ruins	ruïnes	*roo-een-es*
run into	ontmoeten/ tegenkomen	*ont-mooten/ taykhen-koamen*
running shoes	sportschoenen	*sport-/skhoonen*

S

sad	verdrietig	*ferdreetikh*
safari	safari	*safaree*
safe (n)	kluis	*klows*
safe (adj)	veilig	*fayelikh*
safety pin	veiligheidspeld	*fayelikhayetsspeld*
sail	zeilen	*zayelen*
sailing boat	zeilboot	*zayelboat*
salad	salade	*salaa-da*
salad oil	slaolie	*sla-oalee*
salami	salami	*salami*
sale	uitverkoop	*owtferkoap*
salt	zout	*zowt*
same	zelfde	*zelfda*
same, the	hetzelfde	*hetzelfda*
sandy beach	zandstrand	*zant-strant*

Word list

sanitary pad	maandverband	maand-ferbant
sardines	sardines	sardeenas
satisfied	tevreden	tefrayden
Saturday	zaterdag	zaterdakh
sauce	saus	sows
sauna	sauna	sauna
sausage	worst	vorst
savoury	hartig	hartikh
scarf	das	das
scarf	sjaal	shaal
scenic walk	wandelroute	vandelroote
school	school	skhoal
scissors	schaar	skhaar
scooter	scooter	skooter
scorpion	schorpioen	skhorpee-oon
scrambled eggs	roerei	roo-er-ei
screw	schroef	skhroof
screwdriver	schroevendraaier	skhroofen-draayer
sculpture	beeldhouwkunst	baylt-hough-kunst
sea	zee	zay
seasick	zeeziek	zayzeek
seat	zitplaats	zitplaats/plaats
second	tweede	twayda
second (time)	seconde	seconda
second-hand	tweedehands	twaydahants
sedative	kalmeringsmiddel	kalmayringsmiddel
see	bekijken	bekayeken
self-timer	zelfontspanner	zelfontspanner
semi-skimmed (milk)	half-vol	hal-ef-fol
send	versturen	ferstooren
sentence	zin	zin
September	september	september
serious	ernstig	ernstikh
service	bediening	bedeening
sewing thread	naaigaren	naay-ee-khaaren
shade	schaduw	skhadoow
shallow	ondiep	ondeep
shampoo	shampoo	shampoa
shark	haai	haay-ee
shave	scheren	skhayren
shaver	scheerapparaat	skhayraparaat
shaving brush	scheerkwast	skhayrkwast
shaving cream	scheercrème	skhayrcrem
shaving soap	scheerzeep	skhayrzayp
sheet	laken	laaken
sherry	sherry	sherry
shirt	overhemd/hemd	oaferhemd/hemd
shoe	schoen	skhoon
shoe polish	schoensmeer	skhoon-smayr
shoe shop	schoenenwinkel	skhoonen-vinkel
shoe size	(schoen)maat	(skhoon)maat
shoemaker	schoenmaker	skhoonmaaker
shop	winkel	vinkel
shop (v)	boodschappen doen	boatskhappa doon
shop assistant (male/ female)	verkooper/ verkoopster	ferkoaper/ ferkoapster
shop window	etalage	aytalaazya

shopping centre	winkelcentrum	*vinkelsentrum*
short	kort	*kort*
short circuit	kortsluiting	*kortslowting*
shorts	(korte) broek	*(korta)brook*
shoulder	schouder	*skhowder*
show	voorstelling	*foarstelling*
shower	douche	*doosh*
shutter	sluiter	*sl-owa-ter*
sieve	zeef	*zayf*
sign	ondertekenen	*ondertaykenen*
sign (road)	bord (op straat)	*bord (op straat)*
sign (signature)	tekenen	*taykenen*
signature	handtekening	*hanttaykening*
silence	stilte	*stilta*
silver	zilver	*zilver*
silver-plated	verzilverd	*ferzilvert*
simple	eenvoudig	*aynfoudikh*
single (room)	eenpersoons	*aynpersoons*
single (unmarried)	ongetrouwd	*onkhetrowt*
single (person)	vrijgezel	*fraye-khezel*
single (ticket)	enkele reis (kaartje)	*enkela rayes (kaart-ya)*
sir	meneer	*menayr*
sister	zus	*zus*
sit	zitten	*zit-ten*
skimmed (milk)	magere	*maakh-er-a*
skin	huid	*h-owa-t*
skirt	rok	*rok*
sleep	slapen	*slaapen*
sleep well	welterusten	*vel-ta-rusta*
sleeping pills	slaappillen	*slaap-pillen*
slide	dia	*dee-ya*
slip	onderjurk	*onder-yurk*
slip road	oprit	*oprit*
slow	langzaam	*langzaam*
slow train	stoptrein	*stoptrayen*
small	klein	*klayen*
small change	kleingeld	*klayenkhelt*
smell	stinken	*stinken*
smoke (n)	rook	*roak*
smoke (v)	roken	*roaken*
smoked	gerookt	*kherookt*
smoking compartment	rookcoupé	*roak-koopay*
snake	slang	*slang*
snorkel	snorkel	*snorkel*
snow	sneeuw	*snay-oo-wa*
snow chains	sneeuwkettingen	*snay-oo-wa-kettingen*
snowing	sneeuwen	*snay-oo-wen*
soap	zeep	*zayp*
soap box	zeepdoos	*zayp-doas*
soap powder	zeeppoeder	*zayp-pooder*
soccer	voetballen, het	*footballen, het*
soccer match	voetbalwedstrijd	*football-ved-strayet*
socket	stopcontact	*stopkontakt*
socks	sokken	*sokken*
soft drink	frisdrank	*frisdrank*
sole (fish)	tong	*tong*

sole (shoe)	zool	zoal
solicitor	advocaat/jurist	ad-vo-kaat/yurist
someone	iemand	eemant
something	iets	eets
sometimes	soms	soms
somewhere	ergens	erkhens
son	zoon	zoan
soon	gauw	khough
sorbet	sorbet	sor-bet
sore	zweer	zwayr
sore throat	keelpijn	kayl-payen
sorry	sorry	soree
sort	soort	soart
soup	soep	soop
sour	zuur	zoo-er
sour cream	zure room	zoo-er-a roam
source	bron	bron
south	zuid	zowd
souvenir	souvenir	soofeneer
spaghetti	spaghetti	spakhetti
spanner	moersleutel	moorsl-eu-tel
spanners, open-ended	steeksleutels	steek-sl-eu-tels
spare	reserve	reserva
spare tyre	reserveband	reserva-bant
spare wheel	reservewiel	reserva-weel
speak	spreken	sprayken
special	bijzonder	bayezonder
specialist	specialist	spes-ee-alist
specialty	specialiteit	spes-ee-al-ee-tayet
speed limit	maximumsnelheid	maximumsnelhayet
spell	spellen	spellen
spicy	gekruid	khekrowt
splinter	splinter	splinter
spoon	lepel	laypel
sport	sport	sport
sports centre	sporthal	sporthal
spot	plaats/plek	plaats/plek
sprain	verzwikken	ferzwikken
spring	lente	lenta
square (place)	plein	playen
square (shape)	vierkant	feerkant
square metres	vierkante meter	feerkanta mayter
stadium	stadion	sta-deeyon
stain	vlek	flek
stain remover	vlekkenmiddel	vlekkenmiddel
stainless steel	roestvrij staal	roostvray staal
stairs	trap	trap
stalls (theatre)	zaal (theater)	zaal (tay-a-ter)
stamp	postzegel	posstzaykhel
start	starten	starten
statement	proces-verbaal	proces-ferbaal
station	station	staashon
statue	standbeeld	stantbaylt
stay	blijven	blayefen
stay	verblijf	ferblayef
steal	stelen	stayla
steel	staal	staal

stench	stank	*stank*
sting	steken	*stayken*
stitch	hechting	*hekhting*
stitch (med.)	hechten	*hekhten*
stock (cubes)	bouillon (blokjes)	*bool-yon (blok-yas)*
stockings	kousen	*kowse-en*
stomach	buik/maag	*b-owa-k/maakh*
stomach ache	buikpijn/maagpijn	*b-owa-k-payen/ maakh-payen*
stomach cramps	krampen in buik	*krampen in b-owa-k*
stools	ontlasting	*ontlasting*
stop	halte	*halta*
stopover	tussenlanding	*tussenlanding*
storm	storm	*stor-em*
storm (v)	stormen	*storm-en*
straight (hair)	steil (haar)	*stayel*
straight ahead	rechtdoor	*rekhtdoor*
straw (drinking)	rietje	*reet-ya*
strawberries	aardbeien	*aardbayen*
street	straat	*straat*
street side	straatkant	*straatkant*
strike	staking	*staaking*
strong (tobacco)	zwaar (tabak)	*zwaar (tabak)*
study	studeren	*stoodayren*
stuffing	vulling	*fulling*
subscriber's number	abonneenummer	*abonnay-nummer*
subtitled	ondertiteld	*onderteetelt*
succeed	lukken	*lukken*
sugar	suiker	*s-owa-ker*
sugar lumps	suikerklontjes	*s-owa-ker klont-yas*
suit	pak	*pak*
suitcase	koffer	*koffer*
summer	zomer	*zoamer*
summertime	zomertijd	*zoamertayet*
sun	zon	*zon*
sun hat	zonnehoed	*zonna-hoot*
sunbathe	zonnebaden	*zonna-baaden*
Sunday	zondag	*zondakh*
sunglasses	zonnebril	*zonnabril*
sunrise	zonsopgang	*zonsopkhang*
sunset	zonsondergang	*zonsonderkhang*
sunstroke	zonnesteek	*zonnastayk*
suntan lotion	zonnebrandcrème	*zonnabrantkrem*
suntan oil	zonnebrandolie	*zonnabrant-oalee*
supermarket	supermarkt	*supermarkt*
surcharge	toeslag	*too-slakh*
surf	surfen	*surfen*
surf board	surfplank	*surfplank*
surgery (doctor's)	spreekuur	*sprayk-oor*
surname	achternaam	*akhternaam*
surprise	verrassing	*fer-rassing*
swallow	doorslikken	*doorslikken*
swamp	moeras	*mooras*
sweat	zweet	*zwayt*
sweet (n)	snoepje	*snoop-ya*
sweet (endearing)	lief	*leef*
sweet (flavour)	zoet	*zoot*

sweetcorn	maïs	maa-yees
sweeteners	zoetjes	zoot-yas
sweets	snoep(goed)	snoop(khood)
swim	zwemmen	zwemmen
swimming pool	zwembad	zwembat
swimming trunks	zwembroek	zwembrook
swindle	oplichting	oplikhting
switch	schakelaar	skhaakalaar
synagogue	synagoge	sinakhokha
syrup	stroop	stroap

T

tablet	tablet	tab-let
take (a period of time)	duren	dooren
take (for use)	gebruiken	khe-browken
take (medicine)	innemen	in-naymen
take (photo)	(foto)maken	foto(maaken)
take pictures	fotograferen	fotokhrafayren
taken	bezet	be-zet
talcum powder	talkpoeder	tal-ek-pooder
talk	praten	praaten
tall	lang	lang
tampons	tampons	tampons
tan (to)	bruin worden	br-owa-n worden
tap	kraan	kraan
tap water	kraanwater	kraan-vaater
taste	proeven	proofen
tax free shop	taxfreewinkel	texfree-vinkel
taxi	taxi	taksee
taxi meter	meter (in taxi)	mayter (in taksee)
taxi rank/stand	taxistandplaats	taksee-stantplaats
tea	thee	tay
teapot	theepot	taypot
teaspoon	theelepel	taylaypel
teat	speen	spayn
telegram	telegram	tayla-khram
telephone	telefoon	tayla-foan
telephoto lens	telelens	taylalense
television	televisie	taylafeesee
telex	telex	taylex
temperature	temperatuur	temper-a-toor
temporary filling	noodvulling	noatfulling
tender	mals	malse
tennis ball	tennisbal	tennisbal
tennis court	tennisbaan	tennisbaan
tennis racquet	tennisracket	tennisrack-et
tenpin bowling	bowlen	boalen
tent	tent	tent
tent peg	haring	haaring
terrace	terras	ter-as
terribly	ontzettend	ont-zett-ent
thank	bedanken	bedanken
thank you	dank u wel	dank oo vel
thanks	bedankt	bedankt
thaw	dooien	doa-yen
the day before yesterday	eergisteren	ayr-khistera
theatre	schouwburg	skh-ough-burkh

theft	diefstal	*deefstal*
there	daar	*daar*
thermal bath	thermisch bad	*tairmees bat*
thermometer	thermometer	*tairm-oh-mayter*
thick	dik	*dik*
thief	dief	*deef*
thigh	dij	*daye*
thin	dun	*dun*
thin	mager	*maakher*
things	spullen	*spulla*
think	denken	*denken*
third	derde	*derda*
thirst, be	dorst hebben	*dorst hebben*
this afternoon	vanmiddag	*fan-middakh*
this evening	vanavond	*fan-afont*
this morning	vanmorgen	*fan-morkha*
thread	draad	*draad*
thread	garen	*kharen*
throat	keel	*kayl*
throat lozenges	keelpastilles	*kaylpastee-yes*
throw up	braken	*braaken*
thunderstorm	onweer	*onwayr*
Thursday	donderdag	*donderdakh*
ticket	kaartje	*kaart-ya*
tickets	plaatskaarten	*plaats-kaarten*
tidy	opruimen	*oprowmen*
tie	das	*das*
tights	panty	*pantee*
time	tijd	*tayet*
times	maal (keer)	*maal (kayr)*
timetable	dienstregeling	*deenst-raykheling*
tin	blik	*blik*
tissues	papieren zakdoekjes	*papeeren zakdookyas*
toast	toast	*toast*
tobacco	tabak	*tabak*
today	vandaag	*fandaakh*
toe	teen	*tayn*
together	samen	*saamen*
toilet	w.c.	*way say*
toilet paper	toiletpapier	*twalet-papeer*
toilet seat	bril (w.c.)	*bril*
toiletries	toiletartikelen	*twalet-arteekelen*
tomato purée	tomatenpuree	*tomaten-pooray*
tomato sauce	tomatenketchup	*tomatenketchup*
tomorrow	morgen	*morkhen*
tongue	tong	*tong*
tonic water	tonic	*tonic*
tonight	vanavond/vannacht	*fanafont/fannakht*
too much	te veel	*te fayl*
tools	gereedschap	*kheraydskhap*
tooth	tand	*tant*
toothache	kiespijn	*keespayen*
toothbrush	tandenborstel	*tandenborstel*
toothpaste	tandpasta	*tandpasta*
toothpick	tandenstoker	*tandenstoaker*
top	stoppen	*stoppen*

top up	bijvullen	*bayefullen*
total	totaal	*toataal*
tough	taai	*taa-ya*
tour	rondrit	*rondrit*
tour guide	reisleider	*rayes-layeder*
tourist card	toeristenkaart	*tooristen-kaart*
tourist class	toeristenklasse	*tooristen-klasse*
Tourist Information office	VVV-kantoor	*vay-vay-vay-kantoor*
tow	slepen	*slaypen*
tow rope	sleepkabel	*slayp-kaab-el*
towel	handdoek	*handdook*
tower	toren	*tor-en*
town	stad	*stat*
town walk	stadswandeling	*statsvandeling*
town/city map	stadsplattegrond	*stats-platta-khront*
toy	speelgoed	*spayl-khood*
traffic	verkeer	*fer-keer*
traffic light	verkeerslicht	*fer-keers-likht*
train	trein	*trayen*
train ticket	treinkaartje	*trayen-kaart-ya*
train timetable	spoorboekje	*spoar-book-ya*
trainers	sportschoenen	*sport-skhoonen*
translate	vertalen	*fer-taalen*
travel	reizen	*rayesen*
travel agent	reisbureau	*rayes-booroa*
travel guide	reisgids	*rayes-khids*
traveller	reiziger	*rayes-ikher*
traveller's cheque	reischeque	*rayes-shek*
treacle	stroop	*stroop*
treatment	behandeling	*behandeling*
triangle	driehoek	*dreehook*
trim	bijpunten	*bayepunten*
tip	fooi	*foay-ee*
trip (journey)	reis	*rayes*
trip (outing)	uitstapje/tocht	*owtstap-ya/tokht*
trouble	last	*last*
trout	forel	*forel*
trunk call	interlokaal gesprek	*interloakaal khesprek*
trunk dialling code (STD)	kengetal	*ken-khetal*
trustworthy	betrouwbaar	*be-trough-baar*
try on	passen/aanproberen	*passen/ aanprobayren*
tube	tube	*tooba*
Tuesday	dinsdag	*dinsdakh*
tumble drier	droogtrommel	*droakhtrommel*
tuna	tonijn	*tonayen*
tunnel	tunnel	*tunnel*
turn	keer	*kayr*
TV	tv	*tay-fay*
tv guide	radio-en tv gids	*rad-ee-o en tay-fay khids*
tweezers	pincet	*pinset*
tyre	buitenband	*bowtenbant*
tyre-lever	bandenlichter	*bandenlikhter*
tyre-pressure	bandenspanning	*banden-spanning*

Word list

U

ugly	lelijk	*laylik*
umbrella	paraplu	*para-ploo*
under	onder	*onder*
underground	metro	*maytro*
underground railway system	metronet	*maytro-net*
underground station	metrostation	*maytro-stasyon*
underpants	onderbroek	*onderbrook*
understand	begrijpen	*be-khrayepen*
underwear	ondergoed	*onder-khood*
undress	uitkleden	*owt-klayden*
unemployed	werkloos	*werk-loas*
uneven	ongelijk	*on-khelayek*
university	universiteit	*ooni-fers-it-tayet*
unleaded	loodvrij	*loadfraye*
up	(naar) boven	*(naar) boafen*
urgent	dringend	*dringent*
urgently	spoed	*spood*
urine	urine	*oo-reena*
usually	meestal	*maystal*

V

vacate	ontruimen	*ont-rowmen*
vaccinate	inenten	*inenten*
vagina	vagina	*vakheena*
vaginal infection	vaginale infectie	*vakheenala infekt-see*
valid	geldig	*kheldikh*
valley	dal	*dal*
valley	vallei	*vall-aye*
valuable	kostbaar	*kostbaar*
van	bestelbusje	*bestel-bus-ya*
vanilla	vanille	*vanee-ya*
vase	vaas	*vaas*
veal	kalfsvlees	*kal-efs-flays*
vegetable soup	groentesoep	*khroonta-soop*
vegetables	groente	*khroonta*
vegetarian	vegetariër	*vekhetar-ee-ar*
vein	ader	*aader*
vending machine	automaat	*owtomaat*
venereal disease	geslachtsziekte	*kheslakhtsziekta*
via	via	*vee-a*
video recorder	videorecorder	*videe-o-recorder*
video tape	videoband	*videe-o-bant*
view	uitzicht	*owtzikht*
village	dorp	*dorp*
visa	visum	*veesum*
visit	bezoek	*bezook*
visit	visite	*vis-eeta*
vitamin tablets	vitaminetabletten	*vitameena-tabletten*
vitamins	vitamine	*vita-meena*
volcano	vulkaan	*vulkaan*
vomit	overgeven	*oafer-khayfen*

W

wait	wachten	*vakhten*
waiter	ober	*oaber*

Word list

15

English	Dutch	Pronunciation
waiting room	wachtkamer	vakht-kaamer
waitress	serveerster	servayrster
wake up	wekken	wekken
walk	lopen	loapen
walk (n)	wandeling	vand-a-ling
wallet	portefeuille	porta-foo-ye
wardrobe	garderobe	kharda-roaba
warn	waarschuwen	vaarskhoowen
warning	waarschuwing	vaarskhoowing
wash	wassen	wassen
washing	was/wasgoed	was/waskhood
washing line	waslijn	waslayen
washing machine	wasmachine	was-masheena
washing-powder	wasmiddel	wasmiddel
wasp	wesp	wesp
water	water	vaater
water ski	waterskiën	vaaterskee-en
waterproof	waterdicht	vaater-dikht
wave-pool	golfslagbad	golf-slakh-bat
way	kant/richting	kant/rikhting
way (manner)	middel	middel
we	we/wij	wa/waye
weak	zwak	zwak
weather	weer, het	wayr, het
weather forecast	weerbericht	wayrbericht
wedding	bruiloft/huwelijk	brow-loft/hoo-wa-lik
Wednesday	woensdag	woonsdakh
week	week	wayk
weekend	weekend	week-ent
weekend duty	weekenddienst	week-ent-deenst
weekly ticket	weekabonnement	wayk-abonna-ment
welcome	welkom	welkom
well	goed	khood
west	west	west
wet	nat	nat
wet-suit	surfpak	surfpak
what?	wat?	vat?
wheel	wiel	weel
wheelchair	rolstoel	rolstool
when?	wanneer?	vaneer
where?	waar?	vaar
which?	welk	vel-ek
whipped cream	slagroom	slakhroam
white	wit	vit
who?	wie?	vee?
wholemeal	volkoren	folkoaren
wholemeal bread	volkorenbrood	folkoarenbroad
why?	waarom?	vaarom?
wide-angle lens	groothoeklens	khroathooklens
widow	weduwe	waydoowa
widower	weduwnaar	waydoownar
wife	echtegenote/vrouw	ekhtkhenoata/frough
wind	wind	vint
windbreak	windscherm	vintskhairm
windmill	molen	moalen
window (at counter)	loket	lok-et
window (in wall)	raam	raam

windscreen wiper	ruitenwisser	*rowtenvisser*
wine	wijn	*wayen*
wine list	wijnkaart	*wayen-kaart*
winter	winter	*vinter*
witness	getuige	*khetowkha*
woman	vrouw	*frough*
women's briefs	slipje	*slip-ya*
women's toilet	damestoilet	*dames-twalet*
wonderful	heerlijk	*heerlik*
wood	hout	*howt*
wool	wol	*wol*
word	woord	*woard*
work	werk	*verk*
working day	werkdag	*verkdakh*
worn	versleten	*ferslayten*
worried	ongerust	*onkherust*
wound	wond	*wont*
wrap	inpakken	*in-pakken*
wrist	pols	*pols*
write	schrijven	*skhrayefen*
write down	opschrijven	*opskhrayefen*
writing pad	blocnote	*blocknoat*
writing paper	briefpapier	*breefpapeer*
written	schriftelijk	*skhriftelik*
wrong	verkeerd	*ferkayrd*

Y

yacht	jacht	*yakht*
year	jaar	*yaar*
yellow	goel	*khayl*
yes	ja	*ya*
yes, please	graag	*khraakh*
yesterday	gisteren	*khistera*
you	u/je	*oo/ya*
you too	insgelijks	*ins-khe-layeks*
youth hostel	jeugdherberg	*yeukht-herberkh*

Z

zebra pedestrian crossing	zebrapad	*zaybrapat*
zip	rits	*rits*
zoo	dierentuin	*deerentown*

Basic grammar

1 Articles

Dutch nouns are either of common masculine/feminine gender or neuter.

The definite article (the)
The definite article in Dutch is either **de** or **het**. About two-thirds of all singular nouns take the common gender article **de** and all plurals are **de** words. The neuter form **het** is used for neuter singular nouns and all diminutives (**meisje, fietsje, tasje**). The **-je** ending of a word denotes a diminutive.

The indefinite article (**a, an**)
Nouns of both genders take the indefinite article **een**, often unstressed and pronounced similarly to **an** in another. The same word also means one but is then stressed as **ay** in say.

2 Plural

The most common plural form in Dutch is the **-en** ending of words:
woord (sing.)	**woorden** (plural)
dag (sing.)	**dagen** (plural).

Nouns with a double vowel drop one of them when the **-en** is added to form the plural:
uur (sing.)	**uren** (plural)
boot (sing.)	**boten** (plural).

Most nouns ending in **-s** or **-f** change this to **-z** and **-v** when the **-en** is added:
prijs (sing.)	**prijzen** (plural)
brief (sing.)	**brieven** (plural).

Borrowed words from other languages and those ending in **-el, -em, -en, -aar,** and the diminutive **-je** generally take an **-s** to form the plural:
tafel (sing.)	**tafels** (plural)
deken (sing.)	**dekens** (plural)
winnaar (sing.)	**winnaars** (plural)
meisje (sing.)	**meisjes** (plural)

3 Adjectives

Adjectives that immediately precede a noun normally take an **-e** ending:
de oude vrouw
een prettige vakantie

When the adjective follows the noun the adjective does not usually take an **-e** ending and the same is true of neuter singular nouns preceded by **een** or where the words **elk/ieder** (each), **veel** (much). **zulk** (such), and **geen** (no) precede the adjective:
een wit huis
elk goed boek
veel vers fruit
zulk mooi weer
geen warm water

4 Demonstrative pronouns

This	**deze**	(with common gender nouns)
	dit	(with neuter nouns)
That	**die**	(with common gender nouns)
	dat	(with neuter nouns)
These	**deze**	(with plural nouns)
Those	**die**	(with plural nouns)

5 Personal pronouns

Subject		**Object**		
I	**ik**	me	**mij** or **me**	
you	**je** or **jij** (fam.)*	you	**je** or **jou** (fam.)*	
you	**u**	you	**u**	
he	**hij**	him	**hem**	
she	**ze** or **zij**	her	**haar**	
it	**het**	it	**het**	
we	**we** or **wij**	us	**ons**	
you	**jullie** (fam.) *	you	**jullie** (fam.) *	
they	**ze** or **zij**	them	**hen**	

The familiar versions **je** or **jij** (singular) and **jullie** (plural) and associated forms are only used when talking to persons you are familiar with, friends, and children. When addressing a person you do not know use **u** and the associated **uw** in both singular and plural.

6 Personal nouns

my	**mijn**
your	**jouw** (fam.)*
your	**uw**
his	**zijn**
her	**haar**
its	**zijn**
our	**ons** (with singular neuter nouns)
	onze (with common gender and plural nouns)
your	**jullie** (fam.)*
their	**hun**

7 Verbs

The two essential verbs in Dutch are *hebben* (to have) and *zijn* (to be). They are irregular verbs.

I have	**ik heb**
you have	**jij hebt** (fam.)*
you have	**u hebt**
he/she/it has	**hij/zij/het heeft**
we have	**wij hebben**
you have	**jullie hebben** (fam.)*
they have	**zij hebben**

I am	**ik ben**
you are	**jij bent** (fam.)*
you are	**u bent**
he/she/it is	**hij/zij/het is**
we are	**wij zijn**
you are	**jullie zijn** (fam.)*
they are	**zij zijn**

The infinitive of Dutch verbs generally end **-en**. To form tenses it is necessary to find the stem of the verb. Generally this is the infinitive less **-en**.
e.g. **noemen** (to name):
infinitive is **noemen**; the stem is **noem**.

Present tense		**Past tense**	
ik noem	I name	**ik noemde**	I named
u noemt	you name	**u noemde**	you named
hij/zij/het noemt	he/she/it names	**hij/zij/het noemde**	he/she/it named
wij noemen	we name	**wij noemden**	we named
zij noemen	they name	**zij noemden**	they named

These models can be used for most regular verbs but when the stem ends in **p**, **t**, **k**, **f**, **s**, or **ch**, add -**te** and -**ten** instead to the stem.

8 Past Perfect

This tense is formed as in English (I have made) with the verb to have (*hebben*) and the past participle. The past participle is derived from the stem, adding **ge-** in front of the stem and -**d** or -**t** at the end.
e.g.

Infinitive	**bouwen**
Verb stem	**bouw**
Past participle	**gebouwd.**

The past participle must be placed after the object of the sentence:
Ik heb een huis gebouwd. (I have built a house).

Please note that verbs prefixed **be-**, **er-**, **her-**, **ont-**, and **ver-** do not take the prefix **ge-** in the past participle.

Verbs that express motion with a destination use the verb to be (*zijn*) instead of *hebben* to form the perfect tense:
We zijn naar Amsterdam gevlogen. (We have flown to Amsterdam).